AF474310

L'ARCHITECTURE

FERRONNIÈRE

IMPRIMERIE EUGÈNE HEUTTE ET Cie, A SAINT-GERMAIN EN LAYE.

L'ARCHITECTURE
FERRONNIÈRE

RECUEIL DE PLANCHES GRAVÉES

A L'USAGE DE TOUS CEUX QU'INTÉRESSENT

LA CONSTRUCTION EN FER ET LA SERRURERIE D'ART

EXEMPLES

DE CONSTRUCTION ET D'ORNEMENTATION ANCIENNES ET MODERNES

TELS QUE :

Planchers, Combles, Pans de fer, Grilles, Balcons, Rampes, Marquises, Ferrures forgées, etc.

Publié sous la direction de M. FRANÇOIS HUSSON, Architecte

D'APRÈS LES TRAVAUX

De MM. BALLU, BOILEAU, DUBAN, DUQUESNET, FLACHAT, V. LENOIR, LABROUSTE, LASSUS, J. BÉRAIN, du Serrurier LAMOUR, ETC.

PARIS
A. LÉVY, ÉDITEUR, 21, RUE BONAPARTE

—

1873

L'ARCHITECTURE FERRONNIÈRE

Depuis quelques années, de hardis novateurs, rompant avec les traditions anciennes, ont doté l'architecture d'une nouvelle forme. C'est à l'aide du fer devenu élément constructif, grâce à ses formes nouvelles, (et surtout à celle en Té) que ces constructeurs habiles ont obtenu d'admirables résultats.

Si nous rendons justice aux hommes pratiques, nous ne devons pas oublier le serrurier qui, depuis longtemps, ne faisant plus de serrures, devrait être appelé ferronnier. Aujourd'hui, cet industriel se transforme dans la plupart des cas, en véritable ingénieur ; il construit les planchers, les pans de fer, les combles, ces couvertures immenses des marchés, des gares de chemins de fer, les ponts métalliques et d'autres ouvrages souvent merveilleux.

Par la publication de ce livre, nous avons voulu, tout en rendant l'hommage dû au talent de nos ferronniers et de nos ingénieurs-architectes, venir en aide à tous ceux que l'industrie du fer intéresse. Voilà notre but.

Nous ne pouvons appuyer longtemps sur le mérite des travaux que nos planches représentent ; les noms des créateurs de ces ouvrages suffiront pour édifier le public sur leur valeur. Il trouvera dans notre œuvre, en dehors de la construction ferronnière, de remarquables travaux dûs à la serrurerie ancienne et moderne, tant sous le rapport artistique que sous celui de l'utilité et de la science.

TABLE ANALYTIQUE

I. — CONSTRUCTION MÉTALLIQUE

Planche Première. — PLANCHER MÉTALLIQUE, employé en principe, jusqu'à la découverte du fer à double Té. Il se compose de *solives* en fer plat posé de champ, sur lesquelles sont agrafées des *entretoises* contre-coudées recevant des cours de *fantons*. C'est encore ainsi que l'on dispose aujourd'hui les planchers en fer, à l'exception que les solives sont à double Té. (Voir la planche 6.)

L'application du fer à la construction des planchers remonte à la grève des charpentiers (1845). Cette grève menaçant de se prolonger indéfiniment, les ferronniers se donnèrent la tâche de substituer le fer au bois. Le résultat fut merveilleux, et le plancher en bois, surtout à Paris, fut dès lors condamné à disparaître dans la plupart de nos constructions.

Planche 2 — PLANCHER EN FER PAR M. THUASNE, A PARIS. Parmi les systèmes divers qu'imaginèrent nos modernes constructeurs, celui qui est représenté dans la planche 2 obtint beaucoup de succès. Les *entretoises* ne sont pas coudées, elles se clavettent dans des *frettes* en fer, ou dans des *chaises* en fonte.

Planche 3. — PLANCHER EN FER, ARMÉ, A CORDES DIAGONALES, DE MM. BERTRAND ET HUSSON, A PARIS.

Ce système diffère de tous les autres, en ce que les solives ne sont plus abandonnées à elles-mêmes, mais bien armées de cordes qui les enserrent, les solidarisent et en font autant de fermes. A leurs extrémités, un sabot de fer permet de tendre ces cordes au moyen d'un coin enfoncé au marteau. Nous devons dire aussi un mot du hourdis figuré en tête de la planche. Ce que l'on reproche aux planchers en fer, hourdés pleins, c'est leur sonorité. Le remplissage en voûte surbaissée supprime cet inconvénient en formant, dans l'épaisseur du plancher, deux couches d'air au lieu d'une. Pour rendre l'image plus claire, les lambourdes sont indiquées à contre-sens.

Planche 4. — CONSTRUCTION EN FER EMPLOYÉE DANS LES PLANCHERS DIVERS DU CHEMIN DE FER DE L'OUEST, A PARIS, *par M. Victor Lenoir, architecte.*

Cette planche représente divers systèmes de fermes disposées pour former des planchers à grandes portées.

Planche 5. — PAN DE FER EXÉCUTÉ PAR M. FONTANET, CONSTRUCTEUR, A PARIS.

L'élévation représente les divers modes de remplissage. A gauche sont les détails d'assemblage. Les petites figures vues en coupe indiquent les profils des fers spéciaux qui entrent dans la composition de ces pans de fer.

Les épaisseurs de ces nouvelles murailles ferronnières sont : pour le premier et le deuxième étage, de 0^m 14; pour le troisième et le quatrième, de 0^m 12; pour le cinquième et le sixième, de 0^m 10. En temps ordinaire, les fers étant dans les prix de 25 fr. les 100 kilogr., le prix du mètre superficiel varie de 10 à 11 fr. Un fort pan de bois coûte environ 7 fr. le mètre; l'augmentation, on le voit, n'est pas très-considérable.

Nous ferons remarquer que dans la figure principale de cette planche, les solives du plancher haut du premier étage, sont assemblées sur la sablière afin de prendre moins d'épaisseur.

Le pan de fer est appelé à un grand avenir; l'un de ses principaux avantages est de permettre d'y adosser des cheminées.

Planche 6-7. — COMBLE EN FER A DOUBLE TÉ ET SES DÉTAILS. — POITRAIL EN FER A TRIPLE TÉ. — PLANCHER EN FER A DOUBLE TÉ.

Le COMBLE est composé d'*arbalétriers*, de *cordes* en fer rond, de *contrefiches* ou *bielles* en fonte ; il est surmonté d'un lanternon. Les six figures de détail indiquent les assemblages.

Le POITRAIL est composé de quatre fers à triple Té renfermés dans leurs brides. Il est destiné à former poutre et reçoit les solives d'un plancher.

Le PLANCHER est semblable à celui de la planche première, mais les solives sont en fer à double Té. On remarquera que le hourdis est plein à droite, et formé de briques creuses à gauche.

Planche 8. — DÉTAIL D'UNE FERME DE RUE COUVERTE. *M. Dominique, architecte.*

Cette ferme de comble est destinée à recevoir un vitrage circulaire. Elle est de forme hardie et gracieuse. C'est une heureuse application du fer à simple Té.

Planches 9-10. — COMBLE EN FER DE LA GARE DES VOYAGEURS DU CHEMIN DE FER DE BORDEAUX, *exécuté sous la direction de M. Pépin Lehalleur, ingénieur en chef, et Daru, architecte, par M. Roussel, serrurier, à Paris.*

Cette œuvre gigantesque, qui ne pèse pas moins de 144,525 kilogr. 40. couvre une superficie de 3,600 mètres superficiels, soit 120 mètres en longueur sur 30 mètres de large. Chaque ferme est arrêtée dans des sabots en fonte reposant sur les contreforts du bâtiment; une jambe de force ou console renforce l'assemblage de la partie inférieure de l'arbalêtrier.

Deux fermes de ce comble ont été essayées, et n'ont donné qu'une flexion de 0^m02 sous une charge de 180 kilogr. par mètre carré.

Planche 11. — COMBLE DE LA GARE DES VOYAGEURS, CHEMIN DE FER DE BORDEAUX. Détails d'assemblage de la contrefiche sur l'arbalêtrier; du sabot et de la console.

Planche 12. — COLLÉGE DE FRANCE A PARIS. *Comble en fer exécuté sur les nouveaux amphithéâtres, par M. Letarouilly, architecte.*

Ce comble en forme de dôme surbaissé, est surmonté d'une lanterne, ou châssis de vitrail, avec de nombreuses parties ouvrantes. Le dessin indique les armatures qui font manœuvrer les vasistas.

Planche 13. — CHEMIN DE FER DE PARIS A STRASBOURG. *Ferme du comble de la gare de Paris.* Voici une modification sensible dans la façon des arbalêtriers, qui ne sont plus en fer à double Té. Le constructeur les a composés de cours de fer formant le Té simple reliés par des entretoises très-multipliées formant une ligne brisée non interrompue. C'est le système de la ferme Jacquemart dont nous verrons encore quelques applications plus loin.

Planche 14. — STATION DE NANCY. *Élévation latérale, tête nord de la halle, et coupe transversale.* Ici les fermes sont composées comme à la précédente figure; mais leurs remplissages sont formés de croisillons. Les parties inférieures ou pieds des arbalêtriers se terminent en consoles. Quant au système de cordes, c'est le même que dans les précédents combles; on y remarque toujours, comme dans les combles en bois, le *poinçon*, l'*entrait*, et la *contrefiche*.

Planche 15. — STATION DE NANCY. *Coupe en longueur du comble* et détails du lambris formant le revêtement du linteau évidé portant le comble et les vitrages latéraux.

Planche 16. — ASILE NATIONAL DU VÉSINET. PAVILLON CENTRAL, *charpente en fer du dôme, M. Laval, architecte.*

Cette charpente est très-légère et très-élégante. Les arbalêtriers sont encore à jour suivant le système Jacquemart. Ils reposent sur un cours de fermes en fer forgé et sont moisés par des pannes ajourées.

Planche 17. — HANGARS POUR PRÉPARER LES CONVOIS de *chemin de fer.*

Cette planche donne l'élévation et les détails d'un hangar économique, en fer et bois. C'est un excellent type du genre mixte. Les arbalêtriers sont en bois, et le système de cordes en fer.

Planche 18. — CHEMIN DE FER DE L'OUEST. *Gare de Paris, par M. Victor Lenoir, architecte.*

Élévation et coupe de la façade principale, indiquant les deux grands combles en fer couvrant les voies, et les vitrages des jours sur la place de Rennes.

Planche 19. — CHEMIN DE FER DE L'OUEST. *Gare de Paris, par M. Victor Lenoir, architecte.*

Coupe longitudinale sur la halle, indiquant son grand comble, supporté par une série de colonnes avec fermes ajourées d'entre-deux formant autant d'arceaux.

Planche 20. — CHEMIN DE FER DE L'OUEST. *Gare de Paris, par M. Victor Lenoir, architecte.*
Détail de l'un des arbalétriers d'une ferme en fer de la charpente de la halle.

Planche 21. — CHEMIN DE FER DE L'OUEST. *Gare de Paris, par M. Victor Lenoir; architecte.*
Détail de la partie milieu d'une grande ferme du comble précédent, avec une colonnette du lanternon, le poinçon et la naissance des cordes.

Planche 22. — CHEMIN DE FER DE L'OUEST. *Gare de Paris, par M. Victor Lenoir, architecte.*
Détail des sabots du comble, qui reçoivent le pied des grandes et petites fermes.

Planche 23. — CHEMIN DE FER DE L'OUEST. *Gare de Paris, par M. Victor Lenoir, architecte.*
Détails de l'assemblage des fermes à leur rencontre sur l'axe de la halle, entablement, chapiteau, base et piédestal des colonnes.

Planche 24. — CHEMIN DE FER DE L'OUEST. *Gare de Paris, par M. Victor Lenoir, architecte.*
Élévation et détails de l'un des arceaux en fer de la halle.

Planche 25. — CONSTRUCTIONS COLONIALES. *Marché couvert.*
Plan du grand comble et sa coupe, indiquant les fermes en arc de cercle et les colonnes qui le supportent.

Planche 26. — CONSTRUCTIONS COLONIALES. *Marché couvert.*
Le même comble avec de nouveaux détails.

Planche 27. — HALLE EN FER, A L'ILE DE LA RÉUNION. *M. Paliard, architecte.*
Assemblage de pavillons en fer avec croupes, portant chéneaux ornementés, supportés par des consoles et des colonnes richement ornées.

Le poids total d'un pavillon est de 12,560 kilogr., son prix est d'environ 10,000 francs. Chaque colonne pèse 320 kilogr.

Planche 28. — HALLE EN FER A L'ILE DE LA RÉUNION. *M. Paliard, architecte.*
Détail d'une ferme, d'une console et d'une colonne.

Planche 29-30. — FOURRIÈRE (PARIS). *Coupe transversale du grand hangar exécuté par MM. Gau et Ballu, architectes.*

Les fermes sont encore du système Jacquemart. Elles reposent sur de forts sabots en fonte. Leur construction est très-hardie, en ce sens qu'elles ne semblent pouvoir résister à l'écartement. Cependant la poussée de la maçonnerie sur laquelle elles reposent est maintenue par un plancher qui forme entrait. On remarquera que les contrefiches de la ferme sont extérieures, ce qui paraît à première vue tout à fait anormal.

Planche 31. — FOURRIÈRE (PARIS).
Détails divers du comble précédent.

Planche 32 — FOURRIÈRE (PARIS).
Idem.

Planche 33. — FOURRIÈRE (PARIS).
Idem.

Planche 34. — GRAND COMBLE EN FER A FERMES ÉVIDÉES.

Ce comble est d'une légèreté remarquable. Il repose sur des colonnes en fonte ornées, et est surmonté d'un lanternon à grande surface.

Planche 35. — Entrepôt des liquides de la ville de Paris. *Halle couverte des Préaux aux eaux-de-vie.*

Combles en fer avec lattis en bois, couverts en tuiles, exécutés par M. Bertrand, entrepreneur à Paris. Ce genre de couverture est très-rarement employé sur les constructions en fer.

Planches 36 37 et 38. — Abaissement du canal Saint-Martin, a Paris. *Construction des voûtes.*

C'est sur les chantiers ouverts pour couvrir le canal Saint-Martin, qu'a fonctionné cet ingénieux système.

Chaque cintre se compose de deux fers laminés, disposés en forme d'un T. Des étriers, dont les *fig.* 7, 8 et 9 donnent le détail, relient fortement les deux fers du cintre; des plaques d'assemblage (*fig.* 10 et 11) existent en outre sur chacun des trois joints du fer inférieur. Des cordes en fer rond avec de petites flèches s'attachant chacune à l'un des étriers (*fig.* 7) roidissent ces cintres et complètent la ferme.

L'ensemble du cintrage, de 50 mètres de longueur, comprend 26 fermes espacées de 2^{m} 00 et reliées par trois cours d'entretoises en fer à double Té, placées au droit des joints du fer de champ, c'est-à-dire une sur l'axe et une sur le milieu de chacun des reins. Ces entretoises viennent se boulonner par-dessus les plaques d'assemblage (*fig.* 10 et 11), de sorte qu'on peut les enlever sans désunir les cintres, leur but n'étant que de les contreventer.

Les fermes sont recouvertes d'une couche uniforme de madriers posés à plat, ayant 4^{m} 00 de long sur 0^{m} 22 de large et 0^{m} 08 d'épaisseur. Les naissances de la voûte ayant été construites jusqu'à une hauteur de 1^{m} 30 environ avant la pose des cintres, on a pu maintenir la poussée horizontale de ces derniers en les contrebutant au moyen de cales en bois posées contre la face intérieure de la voûte.

Entraîner à la fois tout un système de cintrage de 50 mètres de longueur, quelque légèreté qu'on soit parvenu à lui donner, aurait exigé une force très-considérable, fatigué les fermes, et, peut-être, amené des ruptures dans leurs assemblages; il aurait fallu, en outre, augmenter le diamètre des roues qui seraient devenues gênantes. Pour résoudre cette difficulté, on a partagé le cintrage ou plutôt le chariot, sur lequel il repose, en neuf parties, huit de 6^{m} 00 et une de 4^{m} 00. Les chariots sont composés, comme le montre l'élévation, de trois longerons en bois, équidistants et parallèles, placés l'un sur l'axe de la voûte et les deux autres au long des naissances ou culées. Le pied des fermes repose directement sur ces derniers et est assujetti dans un sabot en fonte S; mais le longeron du milieu a dû nécessairement être rattaché au sommet du cintrage par un poteau en bois de 0^{m} 25 carré.

Ces longerons portent chacun à leur partie inférieure, trois roues, agissant sur des rails disposés à cet effet; ils sont, en outre, munis de trois fortes vis de pression destinées à régler la hauteur des cintres; l'extrémité de ces vis trouve son point d'appui sur des crapaudines en fonte G qui coiffent le rail et qu'on enlève lors de la marche des chariots.

Lorsqu'il s'agit de déplacer le cintrage, on n'enlève que les couchis et entretoises placés dans la travée où se trouvent les extrémités des chariots, de sorte que, pendant la marche, les cintres qu'ils entraînent restent néanmoins contreventés. Lorsque les chariots ont été tous amenés dans leur nouvelle position, on les soulève au moyen des vis de pression, et la hauteur du cintrage étant réglée, on pose dessous les cales; on desserre les vis, et on n'a plus qu'à replacer les entretoises et les couchis des huit travées seulement où il a fallu les enlever.

La disposition et la répartition en trois parties des cordes, destinées à résister à l'effort de compression que la voûte exerce sur les cintres, oblige à placer, sous leurs reins, les deux étais qu'on voit figurés sur l'élévation, pour éviter le relèvement du sommet du cintrage quand les reins seuls sont chargés par la maçonnerie. En adaptant deux cordes partant chacune de la naissance à la clef, on aurait donné aux fermes une plus grande résistance et on aurait pu supprimer les étais, les cordes ainsi disposées ayant travaillé à la traction de tout l'effort de compression transmis sur la flèche, qu'on aurait faite en fer à croix, ou sur les flèches, si une seule n'eût pas été suffisante. Cette nouvelle disposition n'eût pas non plus gêné le passage des locomotives remorquant les convois de matériaux ou de déblais, puisqu'il suffisait de rapprocher un peu les deux voies.

2. — MARQUISES, PONTS, SERRES

Planche 39-40. — Marquises établies dans toutes les stations du chemin de fer de l'Est *par Rigolet, constructeur à Paris.*

Ces marquises sont composées de fermettes ajourées, d'un chéneau en fer reposant sur des consoles. Au-devant est un lambrequin courant. Elles sont supportées par des colonnes en fonte.

Planche 41-42. — Pont biais en fer, *pour le passage du chemin de fer du Nord, sur le canal de Saint-Denis.*

Cette œuvre de ferronnerie est très-remarquable. Il y a là une heureuse application de fers d'un profil tout spécial, dits fers Darlow.

Planche 43. — Serre exécutée a Sainte-Adresse (Seine-Inférieure); *M. Jeanson, architecte.*

Cette serre, ou plutôt ce jardin d'hiver, est élégante, par son plan surtout.

Planche 44. — Serre exécutée a Sainte-Adresse (Seine-Inférieure) ; *M. Jeanson, architecte.*

Coupe et détails.

Planche 45. — Marquise *en fer, par M. Destors, architecte.*

Ce spécimen de marquise vitrée est orné d'un lambrequin masquant le chéneau. Il est supporté par des consoles forgées, d'un style à la fois gracieux et léger, s'amortissant sur des colonnettes en fonte La rampe en fer qui accompagne cette marquise est très-bien étudiée.

Planche 46. — Église Saint-Eugène, a Paris ; *M. Boileau, architecte.*

Cette planche représente l'ossature en fer de l'église Saint-Eugène, que nous avons relevée sur place. Cet édifice public est un spécimen complet au point de vue de l'utilisation du métal comme matière principale de la construction architectonique. Réalisant en même temps le principe de la construction en fer et ses conséquences, cette ossature qui supprime les efforts de la poussée des voûtes, et conséquemment les arc-boutants, ainsi que la majeure partie des contre-forts, constitue à elle seule le système de la stabilité de la construction, et la maçonnerie ne sert plus qu'à former les parois de clôture.

Voici, en peu de mots, les principaux traits de la disposition de l'ensemble : en plan, 36 *colonnes* en fonte du haut desquelles, s'élancent, dans tous les sens, des *arcs* en fer qui, réunissant les deux fonctions d'arcs et de fermes, supportent à leur partie inférieure les panneaux des voûtes, et à leur partie supérieure le plancher de la couverture. Ces deux parois en maçonnerie, hermétiquement closes, laissent entre elles une couche d'air, qui maintient l'égalité de la température à l'intérieur du vaisseau. Les couvertures étant, jusqu'à un certain point, extradossées aux voûtes, la charpente spéciale des combles ordinaires est économisée. Parmi les panneaux de voûtes, généralement triangulaires, qui s'appuyent sur les arcs, il en est qui ont jusqu'à 5^m 00 de base ; ils sont établis au moyen de deux tuiles superposées à plat, avec hourdis, chape et enduit en plâtre sans le secours d'aucune armature secondaire. Outre les *colonnes*, les *meneaux* des fenêtres et des roses, les *arcs* et les *balustrades* des tribunes latérales et de l'orgue, ainsi que les *sofites* et *arcatures* recevant les retombées des voûtes des tribunes sont en fonte, de formes apparentes et concourent à la décoration. Le hangar voûté, que cette ossature suffirait à maintenir debout, est clos, dans son pourtour, par des murs en maçonnerie percés de baies, de roses et de fenêtres au nombre de soixante.

Depuis quinze ans, cette église est construite, et cet ensemble métallique considérable, n'a donné lieu a aucun des inconvénients de dilatation et d'oxydation que l'on croyait avoir à redouter.

Disons que le genre de construction qui nous occupe ici est remarquablement économique, il suffit, pour en donner une idée, de rappeler qu'il a été constaté que le gros œuvre de Saint-Eugène ressortait à 400 francs le mètre carré en plan; ce qui représente environ la moitié du prix de revient d'une église modeste, construite selon les systèmes ordinaires.

En résumé, M. Boileau, a su tirer là habilement parti des avantages que comporte la construction en fer, en combinant cette construction de manière à reproduire, surtout à l'intérieur, les formes décoratives du style gothique.

Planches 47-48 — Église Saint-Eugène, a Paris; *M. Boileau, architecte.*
Détails d'assemblage de l'ossature en fer dont les détails précèdent.

3. — GRILLES, CLOTURES, BALCONS, RAMPES, &c.

Planche 49. — Chemin de fer de Paris a Strasbourg. Gare de Paris. — *Détail de la grille d'entrée avec candélabre, par M. Duquesnet, architecte.*

Cette grille est remarquablement sobre sous le rapport de l'ornementation, et cependant forme une clôture élégante.

Planche 50. — Bois de Boulogne. *Grilles de clôture.*
Nous ne pouvons, à propos de ce travail que répéter ce que nous avons dit au sujet de la pl. 49.

Planche 51. — Palais du Louvre. *Grille en fonte de fer placée dans la cour, par M. Duban, architecte.*

Adversaire de la fonte de fer, qui n'est souvent qu'un mensonge décoratif, nous devons cependant ici nous incliner devant le mérite de l'artiste créateur. Cette grille est fort belle, et ne ressemble guère, assurément aux fontes du commerce. On sent là le crayon du maître.

Planche 52. — Caserne des Petits-Pères. *Grille sur la rue de la Banque.*
Cette clôture en fer est du style Louis XIII ; elle est dûe à M. Labrouste. Son caractère est sévère et conforme au lieu qu'elle entoure et défend.

Planche 53. — Caisse d'Amortissement. *Nouvelle grille sur le quai d'Orsay.*
Les motifs d'ornementation du pilastre sont en fer forgé, les ornements figurent des repoussés au marteau. Cette grille, dûe à M. Eudes, architecte, est très-belle.

Planche 54. — Bibliothèque nationale.
La grille représentée ici, a le mérite de la légèreté et de l'élégance. Elle est dûe à M. Labrouste: c'est tout dire.

Planche 55. — Grilles des maisons circulaires de la place de l'Étoile et de l'avenue du bois de Boulogne.

Ces grilles en fer et fonte, sont richement ornées et sont dignes de la plus belle entrée de Paris.

Planche 56. — Grille de la préfecture de Chaumont.

Cette grille dûe à M. Descaves, architecte du département, est à recommander comme type de bon goût. Les pilastres, le couronnement de la porte à deux vantaux, ainsi que les consoles et les pilastres des travées dormantes sont d'un style très-pur.

Planche 57. — Hôtel du prince Napoléon, avenue Montaigne. *Grille sur l'avenue. Ensemble.*

L'architecte, a voulu composer une clôture du genre Pompéien ; la difficulté était grande. Quoi qu'il en soit, cette grille, fort bien exécutée, peut servir à de nouvelles études.

Planche 58. — Hôtel du prince Napoléon, *avenue Montaigne.*

Détails de la grille précédente.

Planche 59. — Grille exécutée a Fontarabie.

Cette grille en fer forgé, est ornée de nombreux feuillages en tôle repoussée au marteau. Elle rappelle les beaux spécimens de l'art du serrurier au XVIIe siècle.

Planche 60. — Clôture du palais des Beaux-Arts, *rue Bonaparte, à Paris.*

Cette clôture, quoique d'un aspect un peu lourd, est recommandée comme sujet d'étude.

Planche 61. — Grille a Nancy.

Cette grille, placée dans la cathédrale de Nancy, fait le plus grand honneur au serrurier Lamour, qui dota, du temps de Stanislas, cette belle ville, d'une quantité de travaux à nul autres comparables. Tous les ornements sont repoussés au marteau et, comme dans les autres chefs-d'œuvre de ce maître, le fer a obéi à l'inspiration d'un grand artiste.

Planche 62-63. — Grille en fer forgé au jardin Grand-Ducal, a Darmstatd.

Spécimen du style allemand du XVIIIe siècle. Sans manquer d'un certain mérite, cette grille laisse à désirer quant à l'élégance. Le couronnement est lourd et disgracieux ; par son aspect massif, il écrase la porte dont les frises, dans leurs détails, présentent une certaine habileté de création et de main-d'œuvre.

Planche 64. — Détail du couronnement de la grille précédente.

Planche 65-66. — Entrée principale des ateliers de M. Rigolet.

Création originale, dans laquelle on remarque le couronnement de la grille à deux vantaux, lequel renferme des armes parlantes. Le fronton est en fer et fonte, et repose sur deux colonnes engagées. Le tout est composé dans le style mauresque de l'Alhambra.

Planche 67. — Église de Saint-Germain-l'Auxerrois. *Clôture en fer.*

Œuvre remarquable, tant sous le rapport de la composition d'ensemble, que par sa belle exécution. Les ornements sont repoussés au marteau.

Planche 68. — Coutances. *Porte principale de l'église cathédrale.*

Panneaux quadrillés avec rosaces en fer repoussé, formant clôture.

Planche 69. — Balcon rue de la Verrerie.

Très-beau balcon en fer forgé du XVIIe siècle, renfermant les armes de la ville de Paris.

Planche 70. — Balcons en fer forgé du XVIIe siècle, *quai des Grands-Augustins. Paris.*

Ces balcons donnent une idée exacte du mérite des serruriers de ce temps. Celui du haut de la planche est remarquablement orné ; il renferme un chiffre, et est décoré de repoussés.

Planche 71. — Véranda dans la cour de la maison n° 39, rue Kléber, a Strasbourg.
Le balcon en fer forgé de cette véranda, est fort sobre d'ornementation, il indique par ses grands vides que son auteur l'a considéré comme un simple garde-fou de galerie extérieure de communication. Les consoles et les rinceaux sont d'un effet très-gracieux, mais cette grâce est atténuée par les motifs méplats qui les terminent.

Planches 72 et 73. — Compositions de Jean Bérain, xviie siècle.
Ces deux planches, reproduites exactement suivant les illustrations d'un vieil ouvrage, renferment huit dessins de balcons en fer forgé, ornés richement et revêtus d'une grande quantité de motifs repoussés au marteau.

Planche 74. — Salle d'Apollon, coté face a la Seine. Balcon de Charles IX, au Louvre.
Ce balcon historique, d'une composition merveilleuse est trop connu pour que nous ayons besoin d'en faire la description. Il a passé longtemps pour un chef-d'œuvre de serrurerie incomparable.

Planche 75. — xviie siècle. Rampe en fer forgé, Paris, place de la Bourse.
Cette rampe, qui garnit un escalier à la française, est l'une des plus élégantes que nous connaissions à Paris. Son pilastre est à quatre faces et ne diffère aucunement, comme ornementation, des panneaux de remplissage.

Planche 76. — Serrurerie artistique, par Bertrand, constructeur a Paris.
Marquise dont les détails sont très-élégants. Rampe en fer poli des plus remarquables, dont le prix de revient est d'environ 1,850 fr. le mètre. Panneau en fer forgé et poli. Ces deux dernières créations ornent l'hôtel de la rue Chapeyron, n° 23. Elles ont été très-remarquées à l'exposition universelle de Vienne (Autriche), de 1873.

4. — FERRURES DE PORTES, & ORNEMENTS DIVERS

Planche 77. — Église de Belleville, a Paris; *M. Lassus, architecte.*
Les ferrures de porte que représentent les dessins de cette planche sont en fer forgé, les extrémités des pentures ont été enlevées au marteau. Elles sont d'un style correct. Nous avons représenté au bas de la planche, les assemblages de la porte ferrée.

Planche 78. — Ferronnerie de portes en chêne, a Munich, au vieux chateau royal. *(Allemagne.)*
Curieuses ferrures forgées et découpées.

Planche 79. — Ancienne église Saint-André, a Chartres.
Ces ferrures, de l'époque romane, sont forgées, refouillées de ciselures assez grossières. Les bandes sont nervées sur trois rangs.

Planche 80. — Porte latérale de la cathédrale de Bayeux.
Les ferrures de cette porte sont de très-beaux échantillons de serrurerie artistique ancienne.

Planche 81. — Ferronnerie italienne du xive siècle. *Marteau de porte en bronze, à Florence.*
Très-belle pièce étrangement ornée.

PORTE A LA CHAPELLE DE SAINTE-ODILE, PRÈS BARR *(Bas-Rhin).*
Les ferrures de cette porte, sont du XIe siècle. Dessin et exécution pleins de naïveté,

Planche 82. — FERRONNERIE ITALIENNE DU XIVe SIÈCLE. *Marteaux de portes*
Celui de gauche est d'un style très-original, sa rosace est très-belle. Celui de droite est une pièce élégante.

Planche 83. — SPÉCIMEN DE FERRONNERIE DU XVe SIÈCLE.
Pièces très-remarquables provenant du château de Langeac, et de la sacristie de la cathédrale de Rouen. Marteau, poignée, entrée de serrure et rosace en fer repoussé.

Planche 84. — MARTEAU DE PORTE, A LYON.
Le serrurier parfois rivalisait avec l'orfévre. Ce marteau en est la preuve. Il est en fer forgé et est ciselé comme une pièce de bijouterie.

Planche 85. — GRANDE CROIX DU CIMETIÈRE, A YPRES *(Belgique).*
Croix très-ouvragée, de style moyen âge, en fer forgé, dont les feuilles et culots sont en tôle repoussée. On retrouve dans cette composition, le dessin et les éléments adoptés par les ferronniers flamands jusqu'au XVIe siècle.

Planches 86-87. — PARATONNERRES *et leurs accessoires.*
Les paratonnerres se composent d'une tige pointue en fer, fixée par le bas sur le comble, mais s'isolant de lui au moyen d'une bague ou boule de verre, et se terminant du haut par une aiguille en cuivre dont l'extrémité est en platine, métal qui n'entre en fusion qu'à une température prodigieusement élevée. La tige est mise en communication avec un conducteur qui rejoint le sol ; ce conducteur est souvent une suite de tringles de fer, ou une corde formée de fils de même métal.

Les choses ainsi disposées, lorsqu'un nuage orageux passe au-dessus du paratonnerre, l'électricité du sol est décomposée suivant le principe : *les électricités de nom contraire s'attirent;* elle se combine petit à petit avec celle du nuage, et s'écoule par l'extrémité de la tige, tandis que celle du nuage est refoulée vers le sol. Il n'y a alors aucune décharge à redouter. Si la foudre tombe, elle suivra le conducteur. Il est essentiel que la dérivation de l'électricité soit aussi complète que possible ; on devra, conséquemment, faire plonger l'extrémité du conducteur dans un puits ou tout au moins dans un sol très-humide. Le cercle de protection d'un paratonnerre a pour rayon une longueur au moins double de celle qu'a sa tige.

(Extrait du Dictionnaire pratique du serrurier) [1].

Fig. 1 et 2, les paratonnerres et leurs conducteurs ; *fig.* 3, marche de la foudre ; *fig.* 4, plan de la tige et de la bague en verre ; *fig.* 5, la même bague vue en coupe ; *fig.* 6, 7, 8, paratonnerres complets ; *fig.* 9, 10, 11, 12, détails des pointes.

Planche 88. — SONNERIES ÉLECTRIQUES.
La base de toute application électrique repose sur ce fait de l'interruption ou de la continuité d'un courant électrique réagissant sur le mécanisme des appareils.

Piles. — La pile de Daniell, la plus généralement employée et la plus facile à entretenir, se compose d'un vase en grès verni ou en verre A, d'un cylindre de zinc B auquel est soudée une patte en cuivre C, d'un vase poreux D et d'une tige de cuivre E. — Dans le vase D, on place la tige E, on le remplit d'eau saturée de sulfate de cuivre ; par une trémie en verre ou en cuivre, ou par un ballon en verre rempli de cristaux de ce sel, on maintient la saturation du liquide. — Dans le vase A, on place le cylindre

1. Chez A. Lévy.

de zinc B; au milieu de celui-ci, le vase poreux D, puis, on remplit ce vase A d'eau ordinaire jusqu'à deux ou trois centimètres du bord, ce qui forme un élément chargé; sauf quelques cas particuliers, la puissance de quatre ou de six éléments est généralement suffisante. De la tige de cuivre E et de la patte en cuivre C, soudée au zinc B, se dégagent les deux forces qui, réunies, animeront nos sonneries. — Dans une batterie de plusieurs éléments, la tige de cuivre E d'un premier élément est mise en contact par la patte C avec le zinc B d'un deuxième élément, dont la tige de cuivre E sera jointe au zinc de l'élément suivant et ainsi de suite jusqu'au dernier; le pôle, resté libre du premier élément, et celui du dernier, forment les deux pôles de la batterie, auxquels pôles on attachera les fils conducteurs.

Fils conducteurs. — Chargés de mettre en communication les piles et les appareils, les fils conducteurs, ordinairement en laiton, sont recouverts d'une enveloppe de soie, de coton ou de gutta-percha qui les isole. Comme ces fils, qui ne sont nullement impressionnés par le passage de l'électricité, n'exigent ni mouvement, ni bascules, leur pose en est d'autant simplifiée.

Sonneries. — Il est inutile de parler ici des aimants naturels; tout le monde connaît et leurs propriétés et leur composition. Autour d'un cylindre de fer doux, si l'on enroule en spirales un fil métallique isolé sur tout son parcours par une enveloppe de soie, et qu'un courant électrique traverse ce fil, le fer acquiert une puissance d'aimantation proportionnelle à l'intensité du courant, aimantation qui doit finir immédiatement avec le passage de l'électricité. — Or, un électro-aimant se compose, le plus ordinairement, de deux cylindres de fer doux recouverts de fil, comme il est dit ci-dessus, placés parallèlement et réunis à l'une de leurs extrémités par une platine du même métal. Les deux extrémités libres de ces cylindres exercent l'attraction et constituent les pôles de l'aimant. — Dans une sonnette électrique, se trouve un électro-aimant qui, alors qu'un courant électrique traverse le fil de ses bobines, attire une tige de fer A, qui, pourvue d'un marteau B, est à l'état de repos en contact avec un ressort C placé derrière elle. La tige attirée frappe un timbre D de son marteau; mais, alors, le contact avec le ressort n'existe plus, et, par suite, l'aimantation du fer; la tige revient alors à sa position première, touche le ressort, et l'aimantation a lieu de nouveau. C'est ce mouvement qui, reproduit plusieurs milliers de fois en une minute, constitue l'appel.

Boutons transmetteurs. — Deux pièces composent ces boutons : 1° un dessus en bois, en métal, en ivoire, etc., ayant au centre une pièce mobile cédant à la pression; 2° deux lames métalliques en contact, par le moyen des fils avec les pôles de la batterie.

Tableaux indicateurs. — Un électro-aimant attire une lame d'acier qui retenait un ressort pourvu d'un carton indicateur que ce mouvement fait présenter à la place ménagée dans le tableau.

FIN DE LA TABLE ANALYTIQUE

IMPRIMERIE EUGÈNE HEUTTE ET Cie, A SAINT-GERMAIN.

SERRURERIE

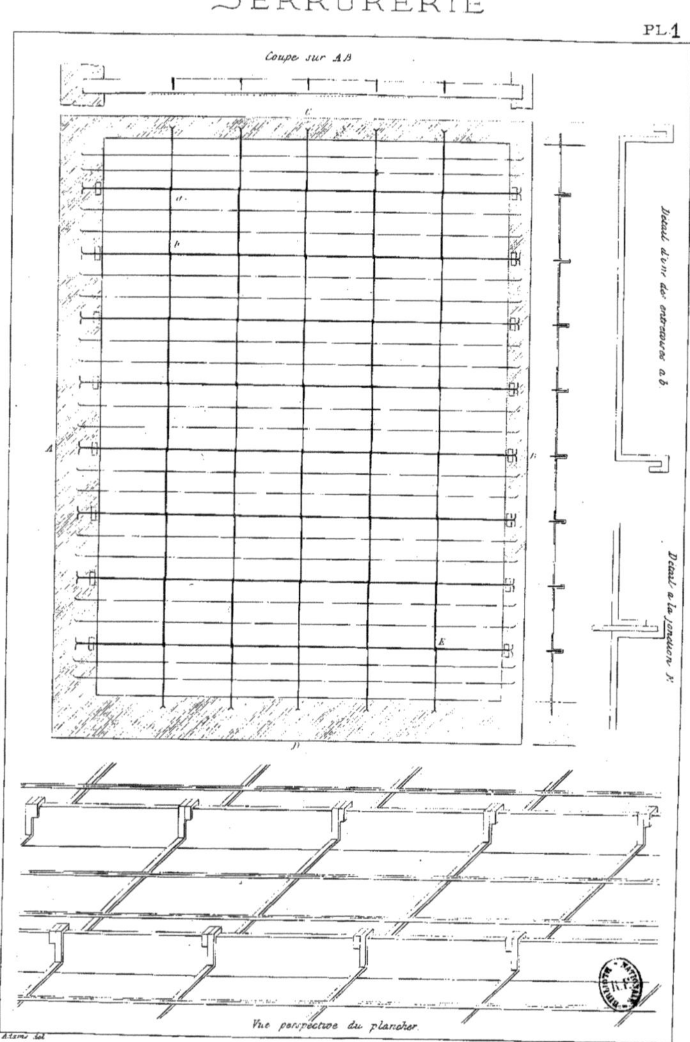

Plancher Métallique

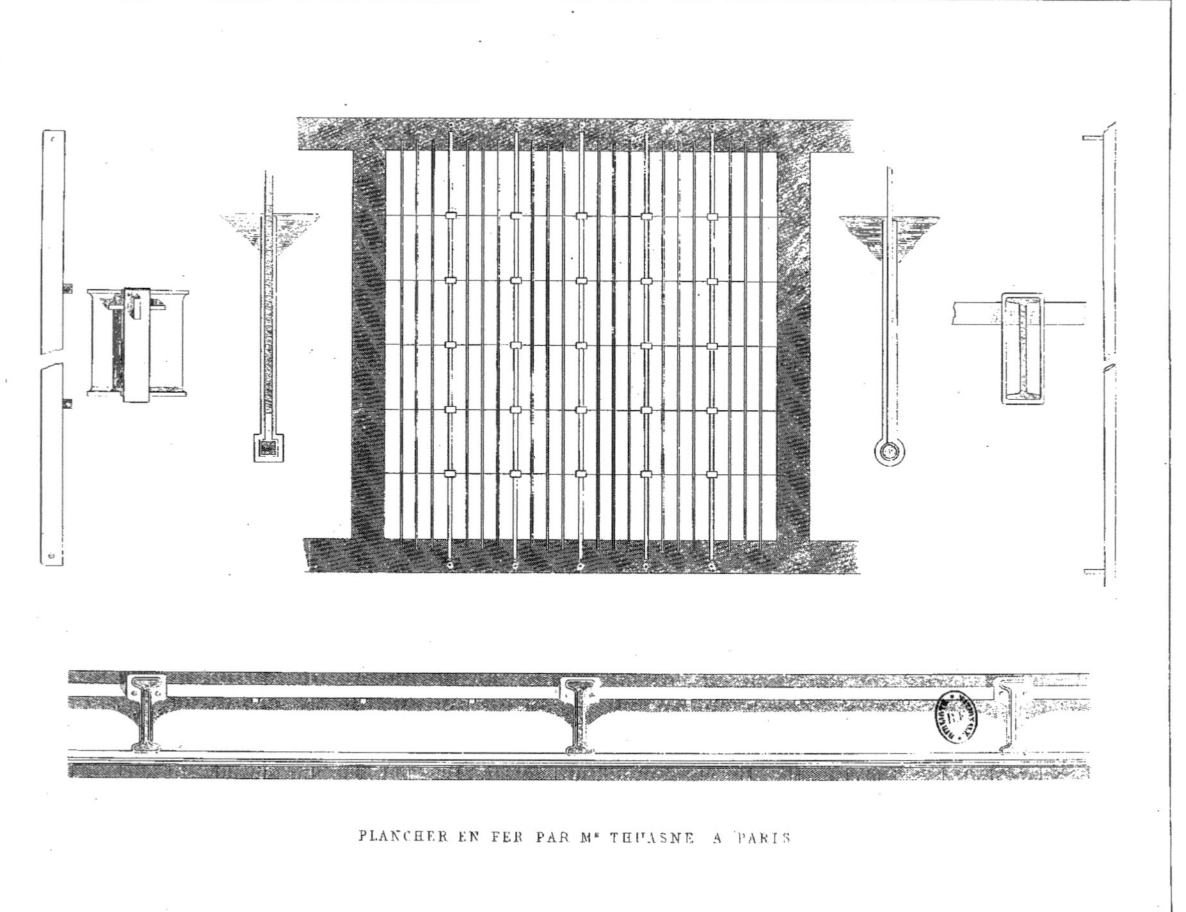

PLANCHER EN FER PAR Mr THUASNE A PARIS

Leblan del. Boulan sculp.

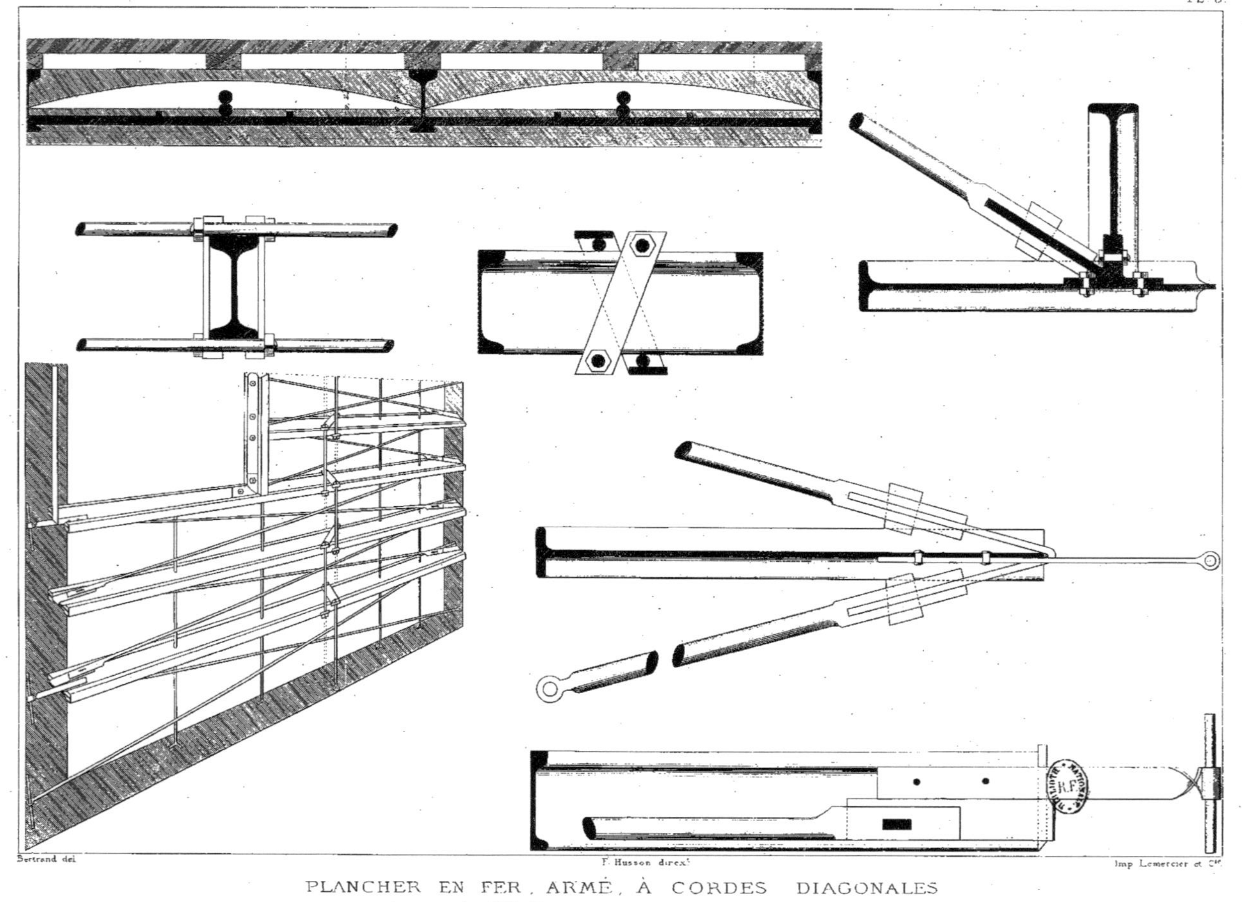

Bertrand del. F. Husson direx. Imp. Lemercier et Cie

PLANCHER EN FER, ARMÉ, À CORDES DIAGONALES

de Mrs Bertrand et Husson à Paris

SERRURERIE

PL 4

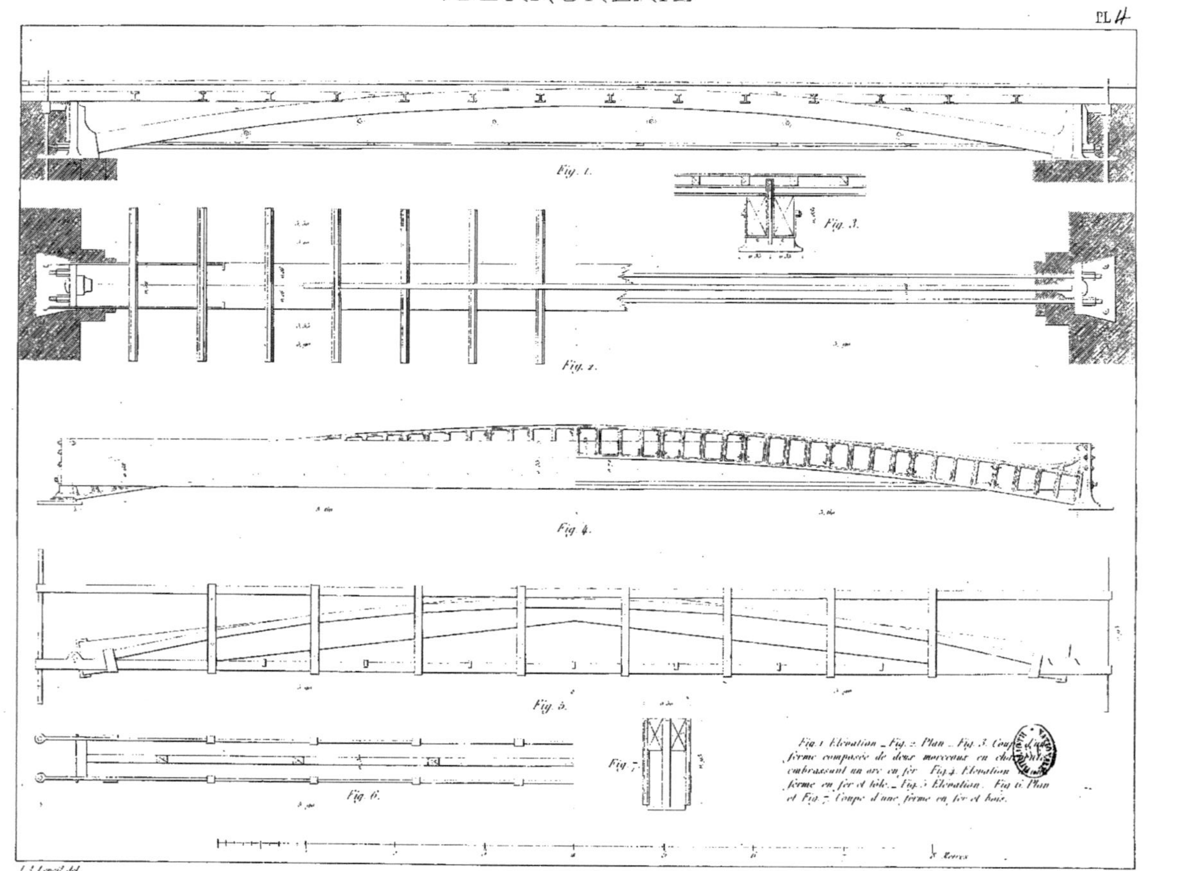

Construction en fer employée dans les planchers divers du chemin de fer de l'Ouest par Mr. Victor Lenoir archte.

F. Husson del. Imp. Lemercier et Cie Paris Guillaumot sc.

PAN DE FER EXÉCUTÉ PAR M. FONTANET, CONSTRUCTEUR À PARIS

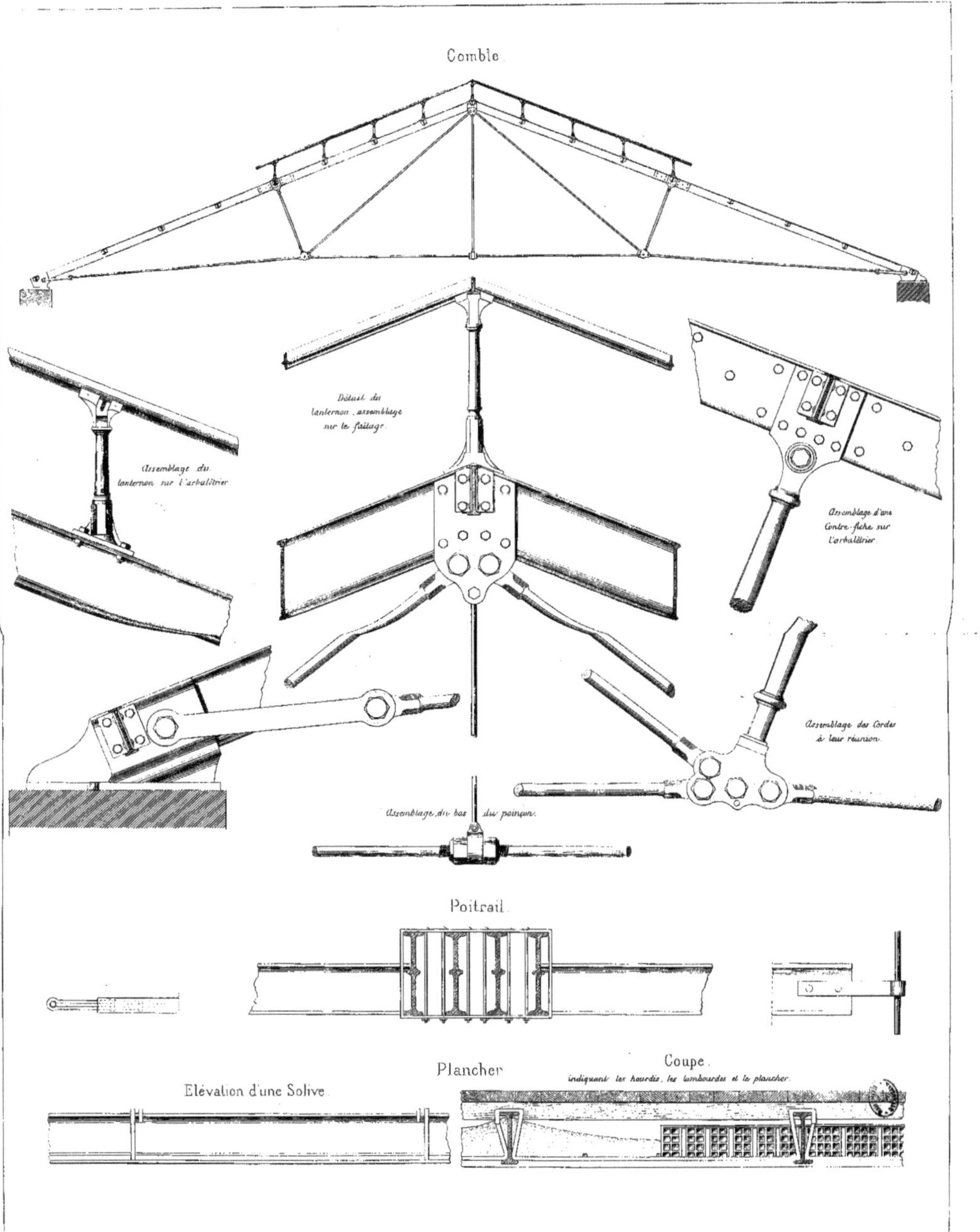

Busson arch. Gravé par A. Lemaître

COMBLE EN FER A DOUBLE TÉ ET SES DÉTAILS _ POITRAIL EN FER A TRIPLE TÉ _

PLANCHER EN FER A DOUBLE TÉ

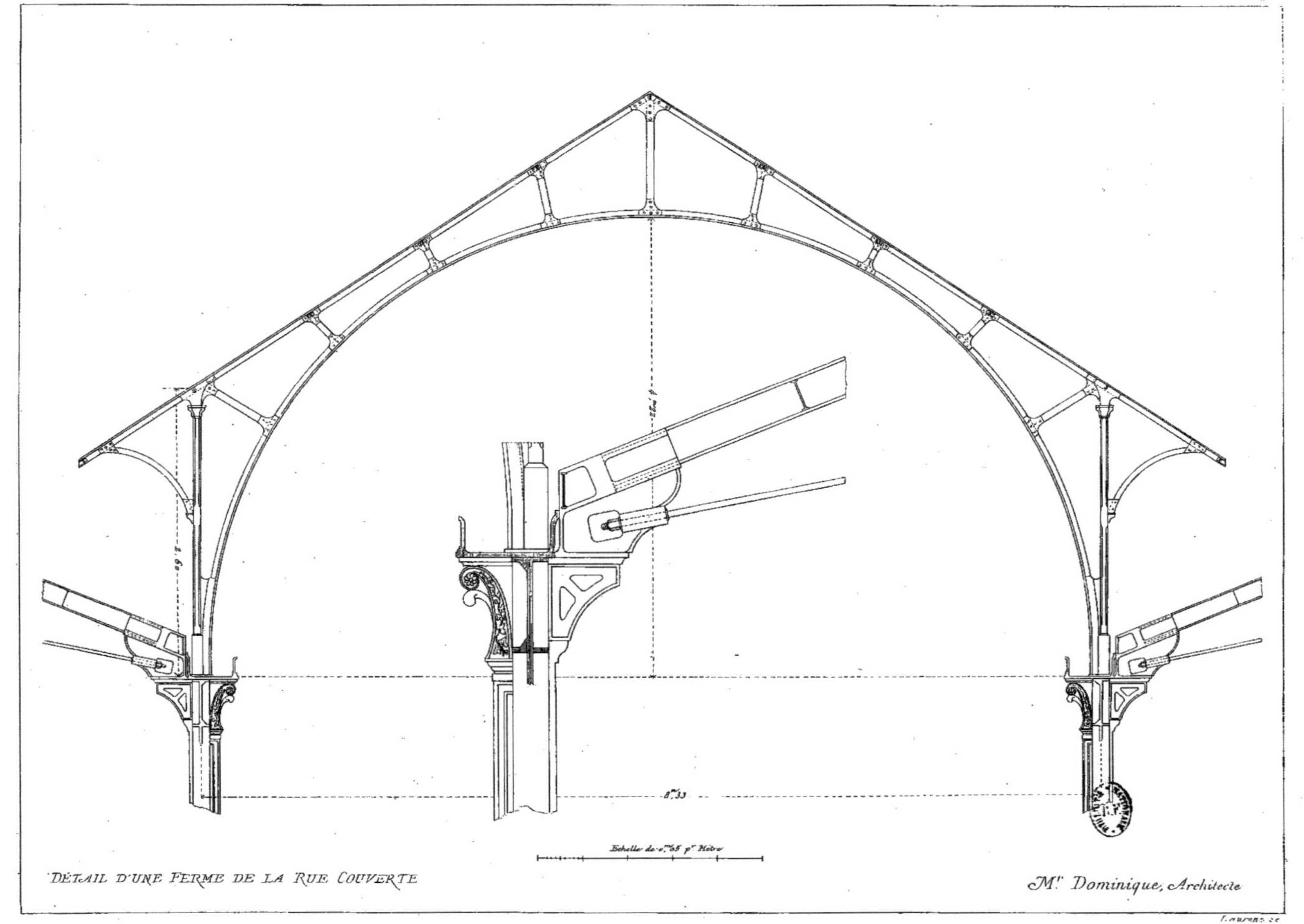

DÉTAIL D'UNE FERME DE LA RUE COUVERTE

M.r Dominique, Architecte

Laurens sc.

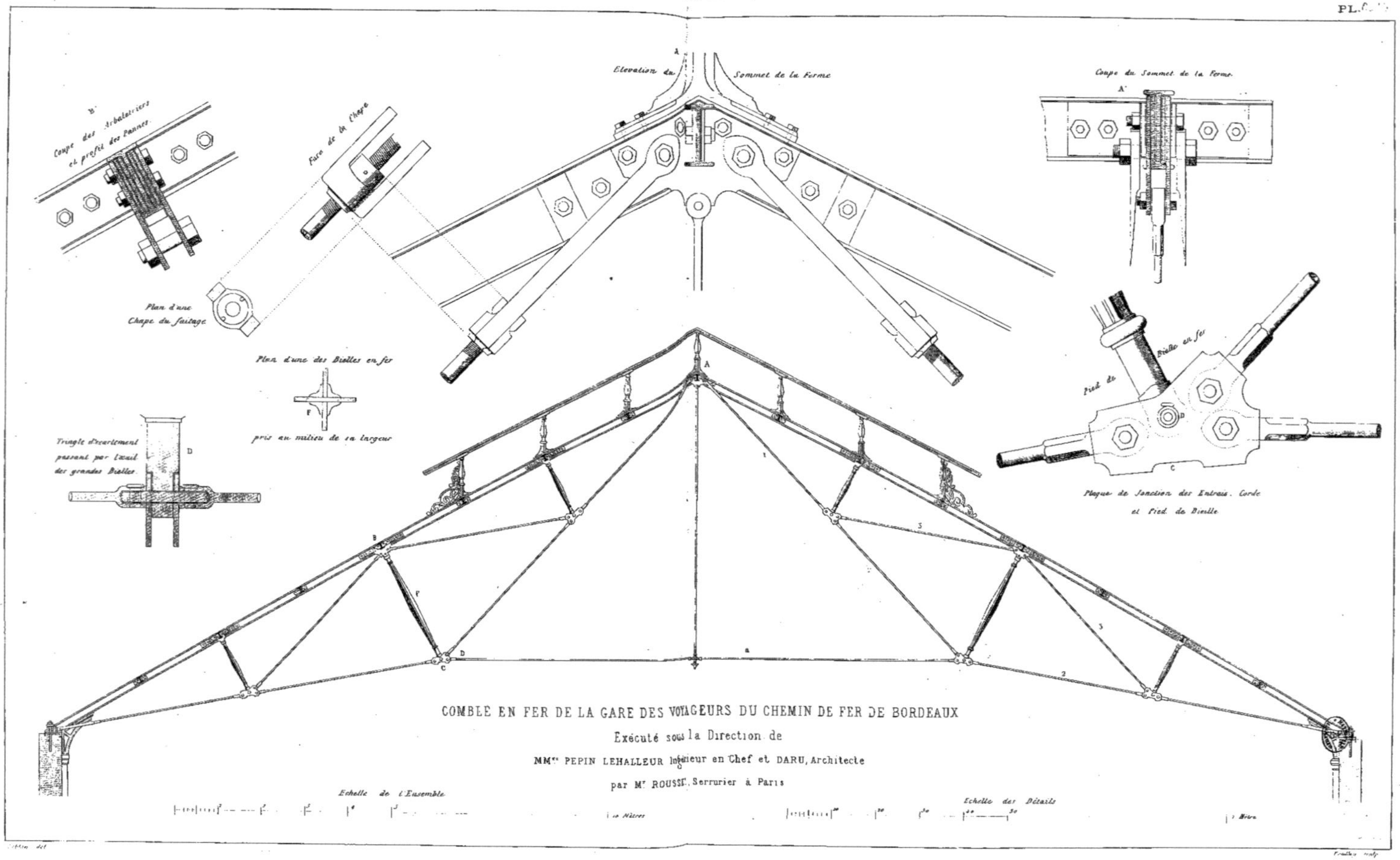

SERRURERIE

PL.

Coupe des Arbalétriers et profil des Pannes

Face de la Chape

Elévation du Sommet de la Ferme

Coupe du Sommet de la Ferme

Plan d'une Chape du faitage

Plan d'une des Bielles en fer pris au milieu de sa largeur

Tringle d'écartement passant par l'œil des grandes Bielles

Pied de Bielle en fer

Plaque de Jonction des Entrais, Corde et Pied de Bielle

COMBLE EN FER DE LA GARE DES VOYAGEURS DU CHEMIN DE FER DE BORDEAUX

Exécuté sous la Direction de

MM.rs PEPIN LEHALLEUR Ingénieur en Chef et DARU, Architecte

par M.r ROUSSE, Serrurier à Paris

Echelle de l'Ensemble

10 Mètres

Echelle des Détails

1 Mètre

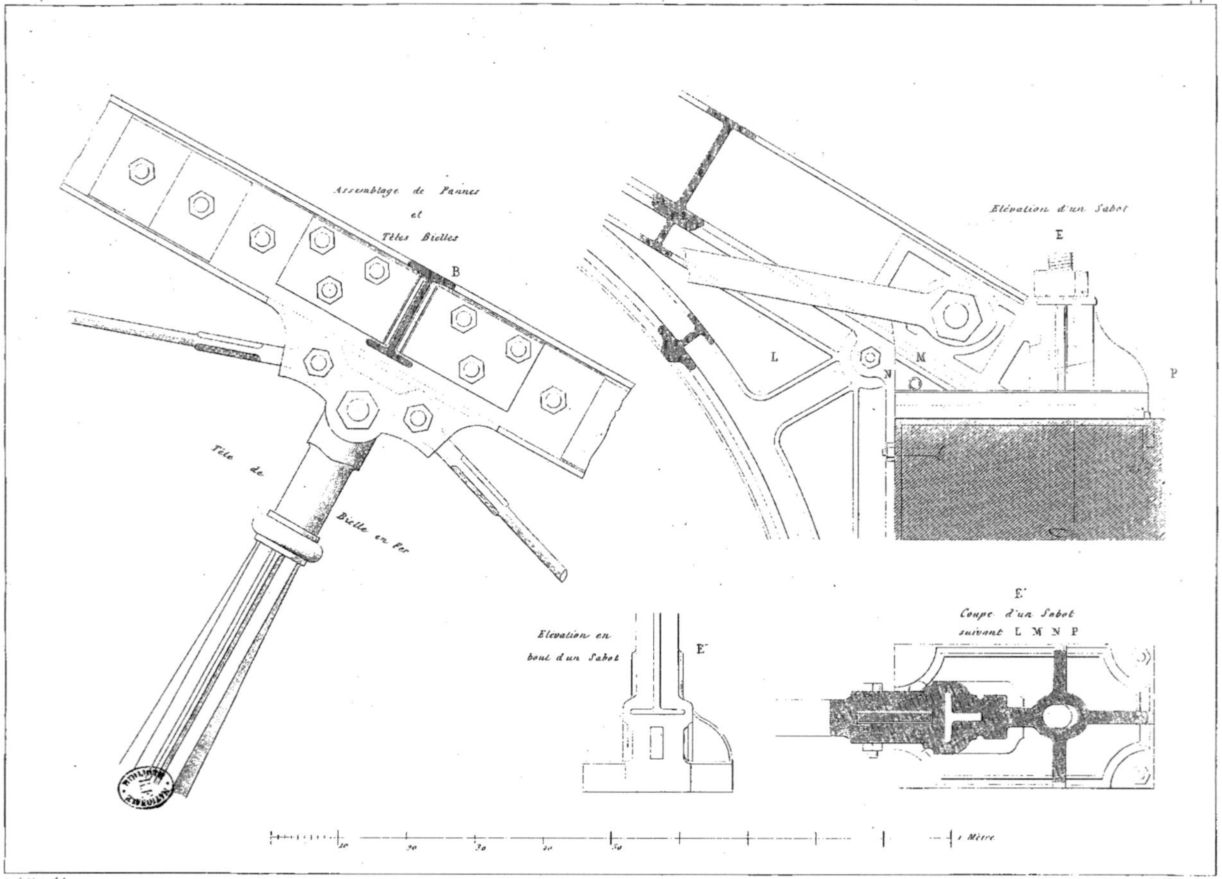

Assemblage de Pannes et Têtes Bielles

B

Tête de Bielle en Fer

Elévation d'un Sabot

E

L M N P

Elévation en bout d'un Sabot

E'

E'

Coupe d'un Sabot suivant L M N P

10 20 30 40 50 1 Mètre

COMBLE DE LA GARE DES VOYAGEURS – CHEMIN DE FER DE BORDEAUX

Details

SERRURERIE

COLLÈGE DE FRANCE À PARIS.

Comble en fer executé sur les nouveaux amphithéâtres par Mr. Letarouilly architecte.

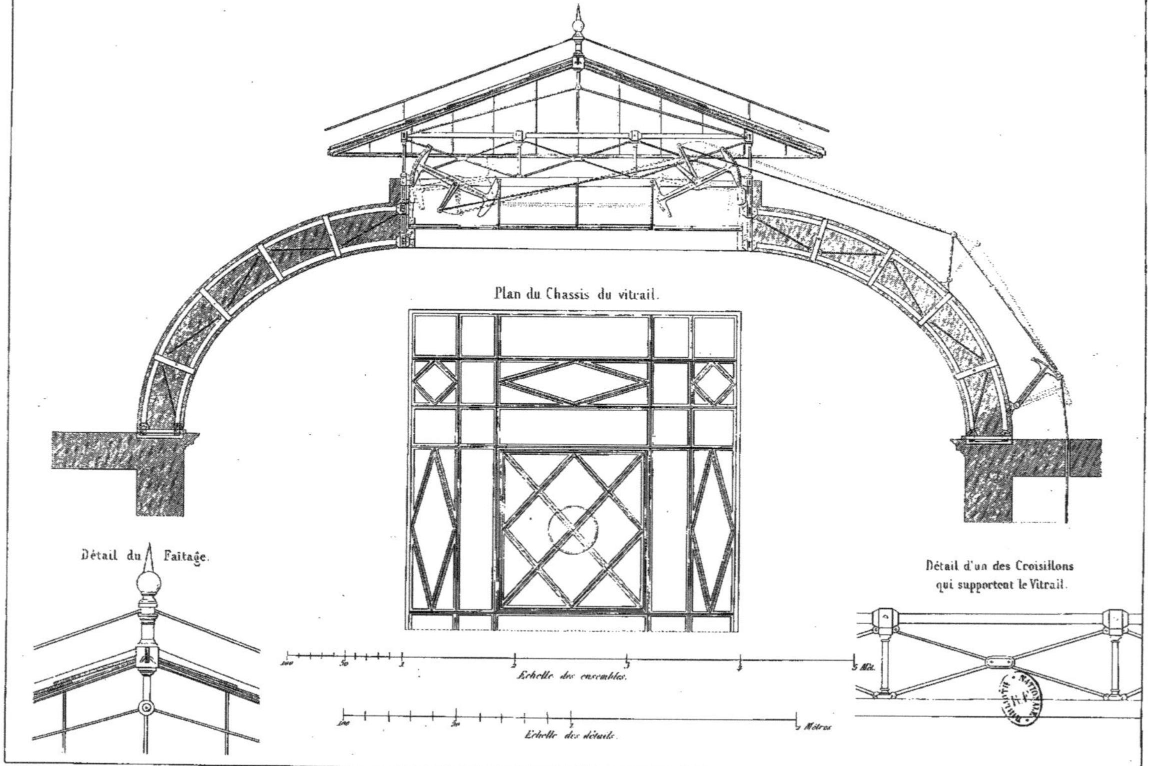

Plan du Chassis du vitrail.

Détail du Faitage.

Détail d'un des Croisillons qui supportent le Vitrail.

Echelle des ensembles. 5 Mèt.

Echelle des détails. 3 Mètres

J. A. Léveil del.

Hibon sculp.

PL. 13

CHEMIN DE FER DE PARIS A STRASBOURG

Ferme du Comble de la Gare de Paris

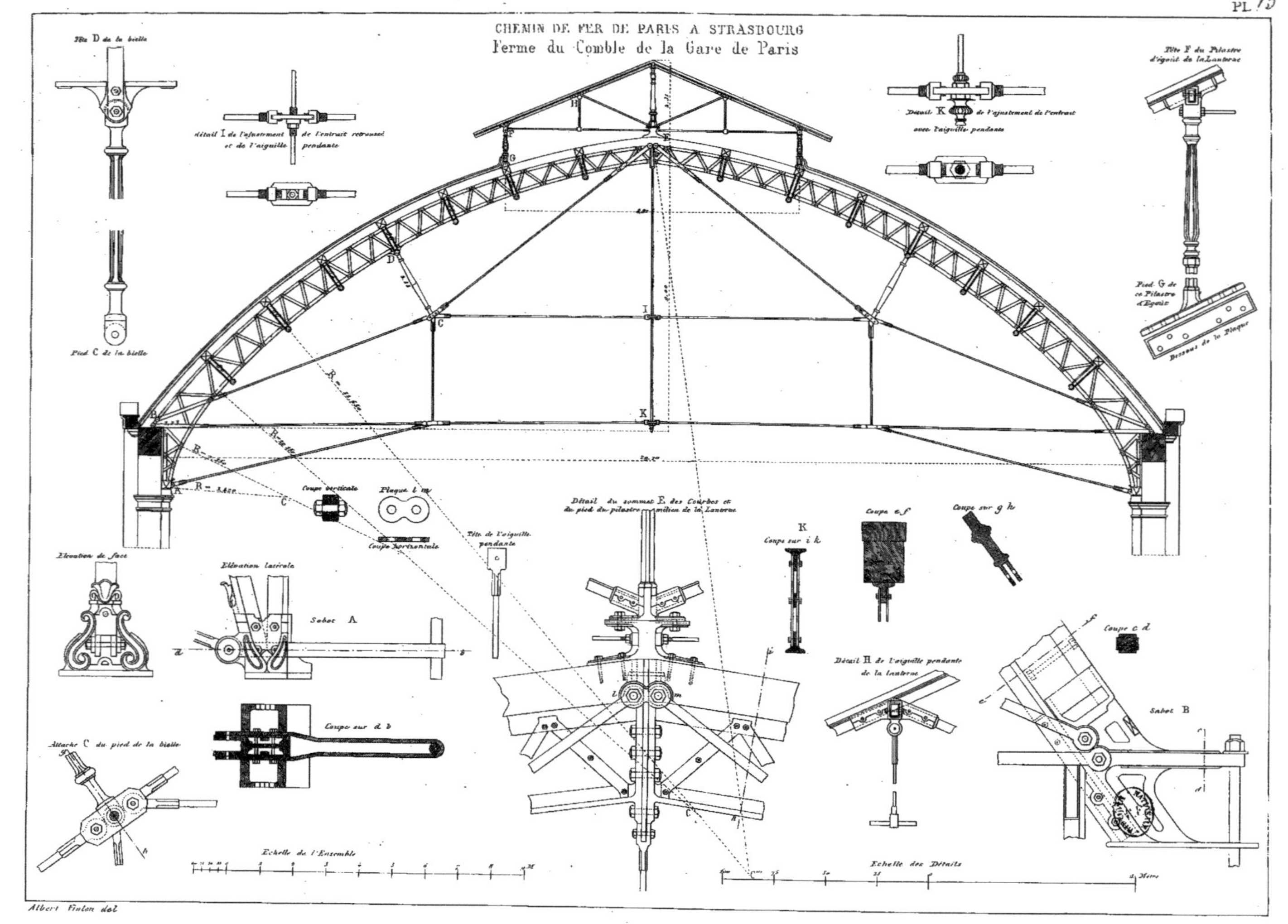

Albert Violon del.

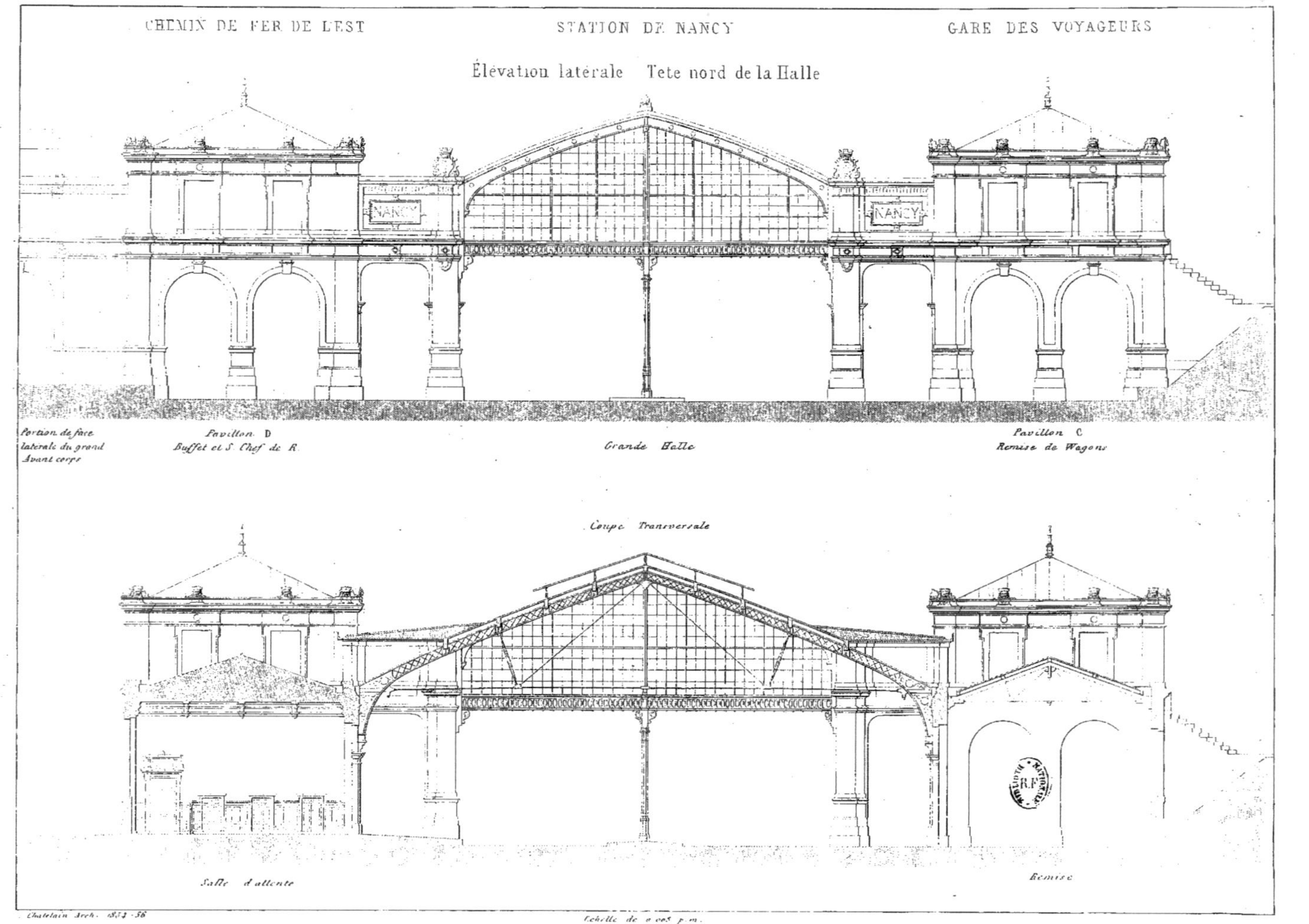

CHEMIN DE FER DE L'EST
STATION DE NANCY
GARE DES VOYAGEURS
Élévation latérale Tete nord de la Halle
NANCY
NANCY
Portion de face latérale du grand Avant corps
Pavillon D
Buffet et S. Chef de R.
Grande Halle
Pavillon C
Remise de Wagons
Coupe Transversale
Salle d'attente
Remise
Chatelain Arch. 1854-56
Echelle de 0.005 p.m.

PL.!

CHEMIN DE FER DE L'EST — STATION DE NANCY — GARE DES VOYAGEURS

Coupe en Longueur du grand Avant corps (Echelle de 0.005)

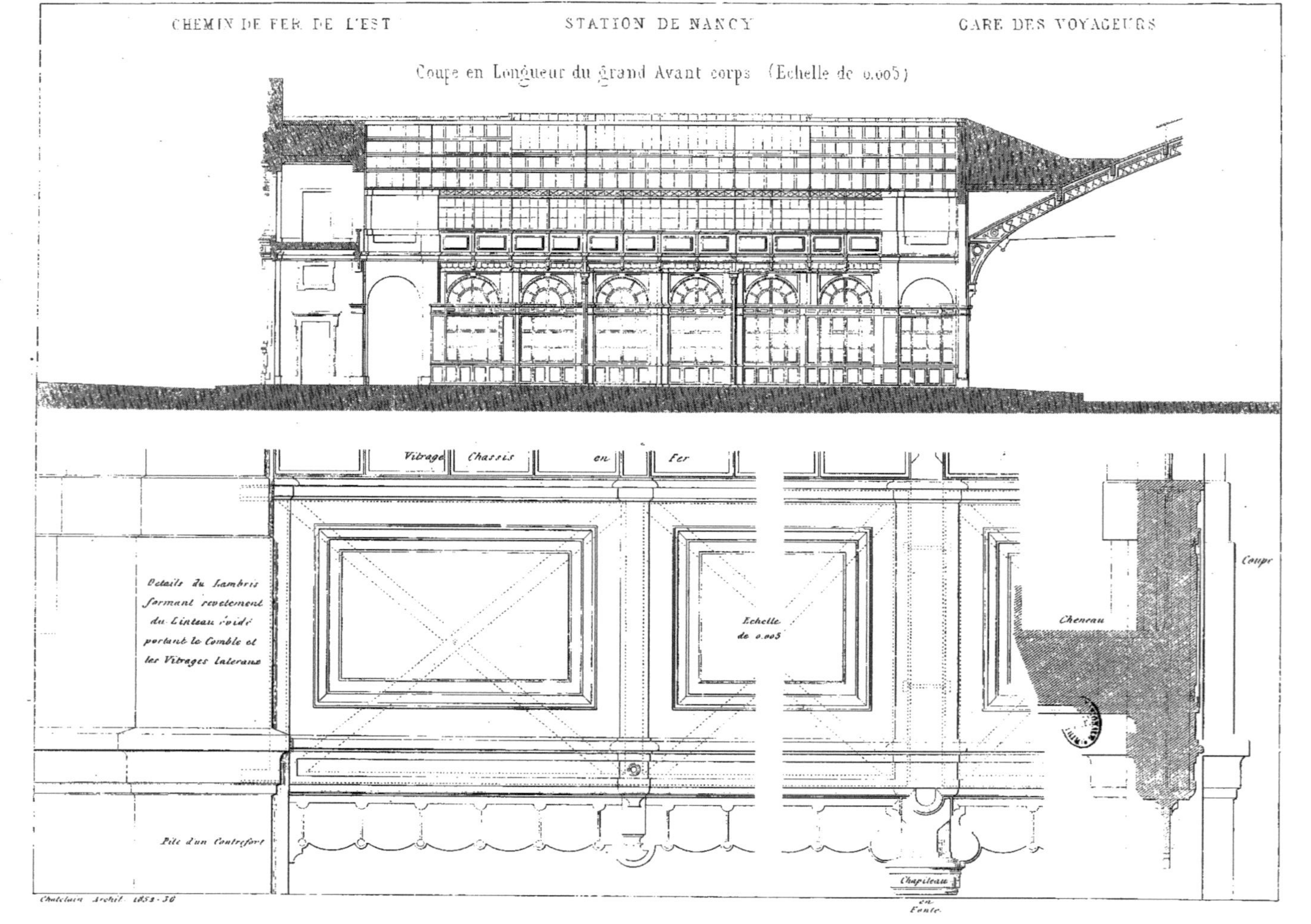

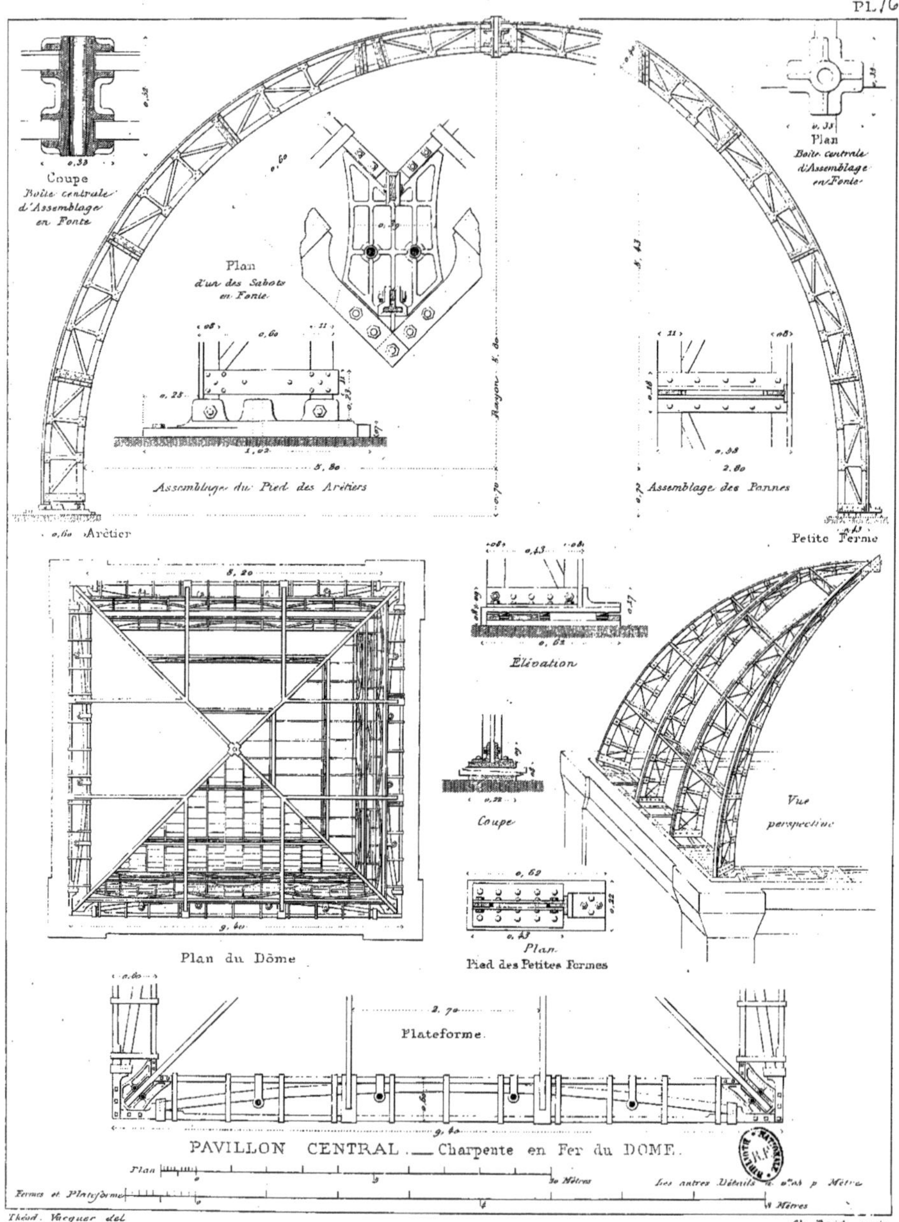

Théod. Vacquer del.

Ch. Bride sculp.

ASILE NATIONAL DU VÉSINET

M. Laval, Architecte.

Hangar pour préparer les Convois marqué au Plan général E

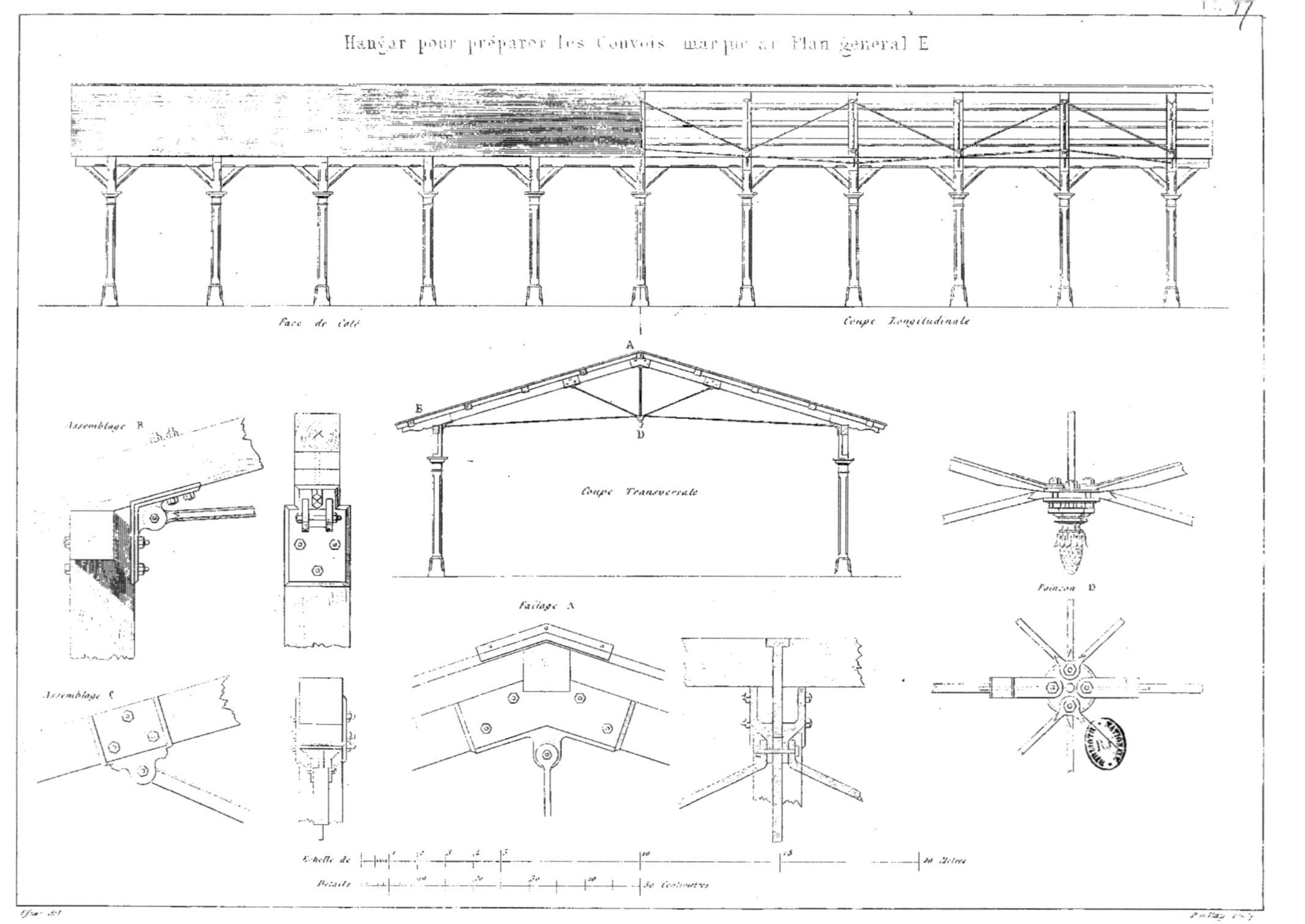

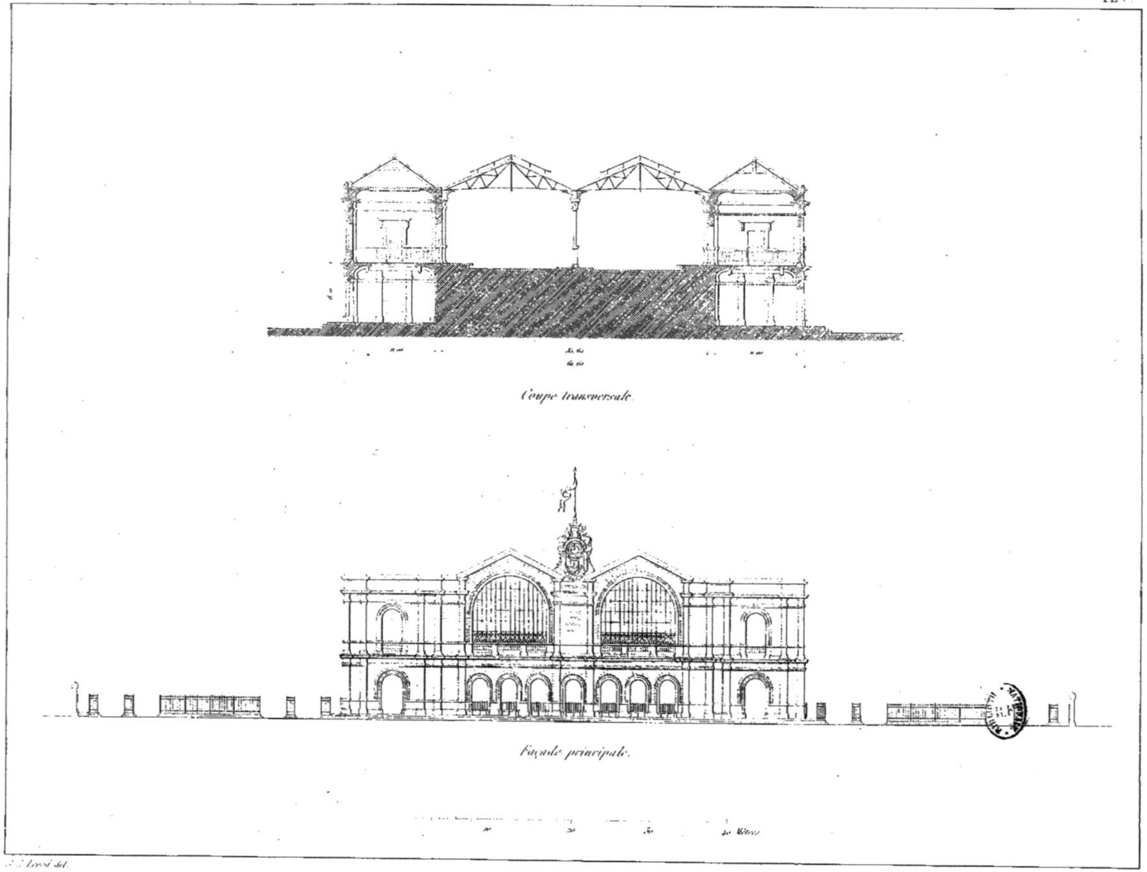

Coupe transversale.

Façade principale.

Chemin de fer de l'Ouest. Gare de Paris par M. Victor Lenoir architecte.

Coupe longitudinale sur la halle.

Coupe longitudinale sur les salles d'attente.

10 20 30 40 Mètres

J. J. Leveil del.

P. sculp.

Chemin de fer de l'Ouest. Gare de Paris par Mr Victor Lenoir architecte.

Détail de la partie A au dixième de l'exécution

A

6. 30

0. 70

8. 80

27. 55, jusqu'à l'axe des colonnes

Ensemble d'une ferme en fer de la charpente qui couvre la halle de la gare.

1 2 3 4 5 Mètres

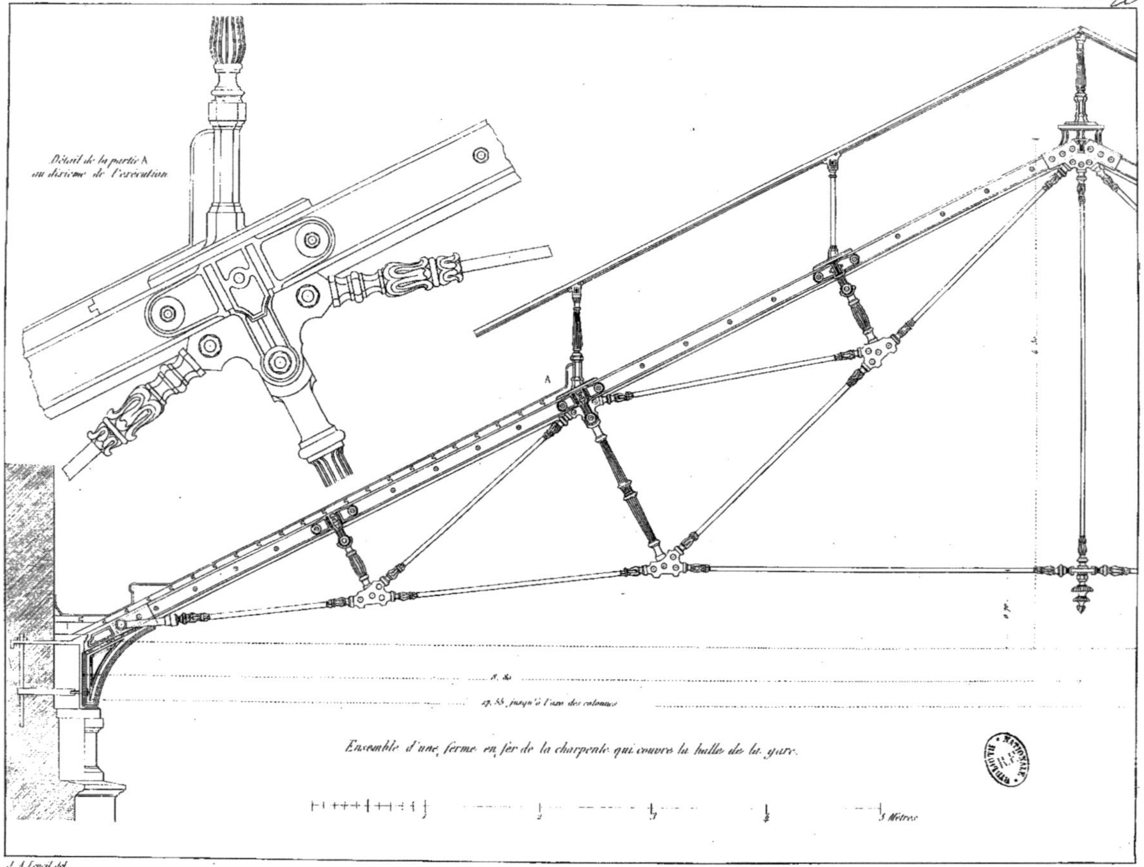

J. A. Leveil del.

Chemin de fer de l'Ouest _ Gare de Paris par Mr Victor Lenoir architecte.

SERRURERIE

PL. 21

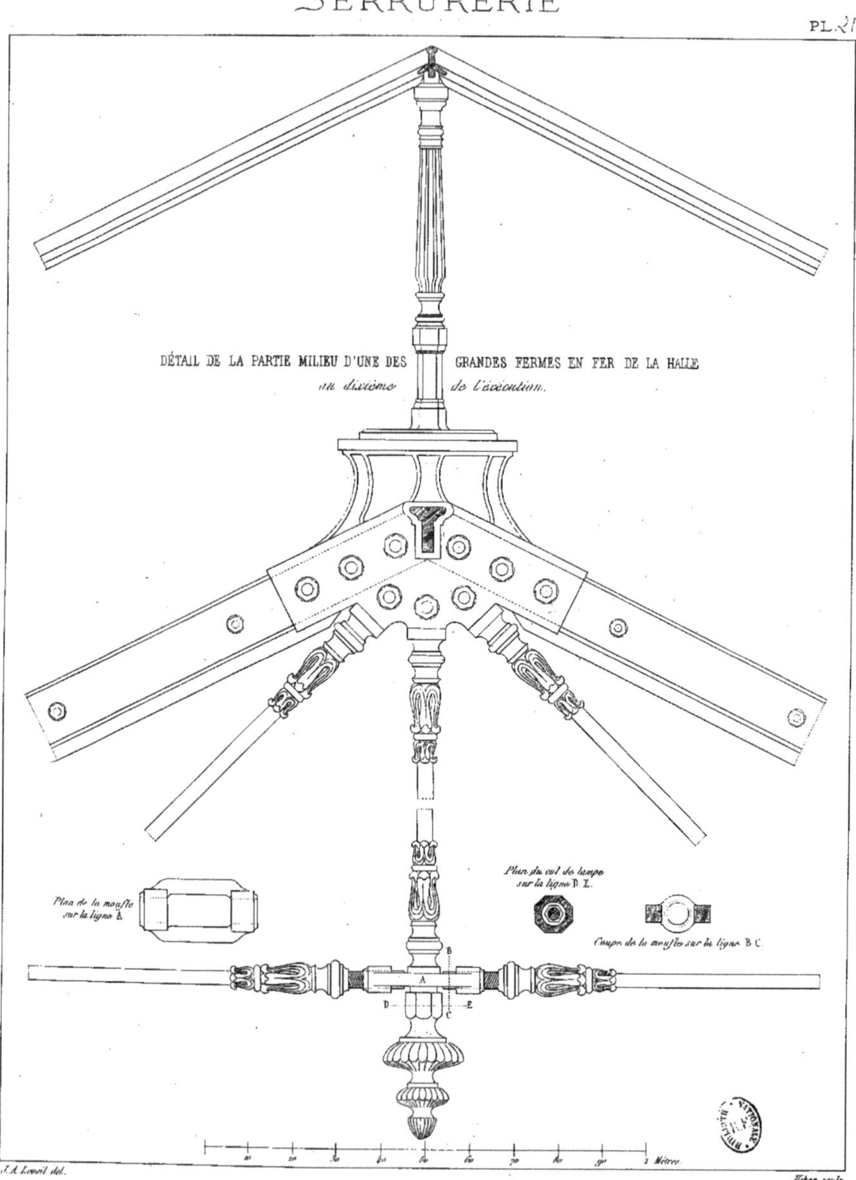

J. A. Leveil del. — Hibon sculp.

Chemin de fer de l'Ouest. Gare de Paris par Mr. Victor Lenoir architecte.

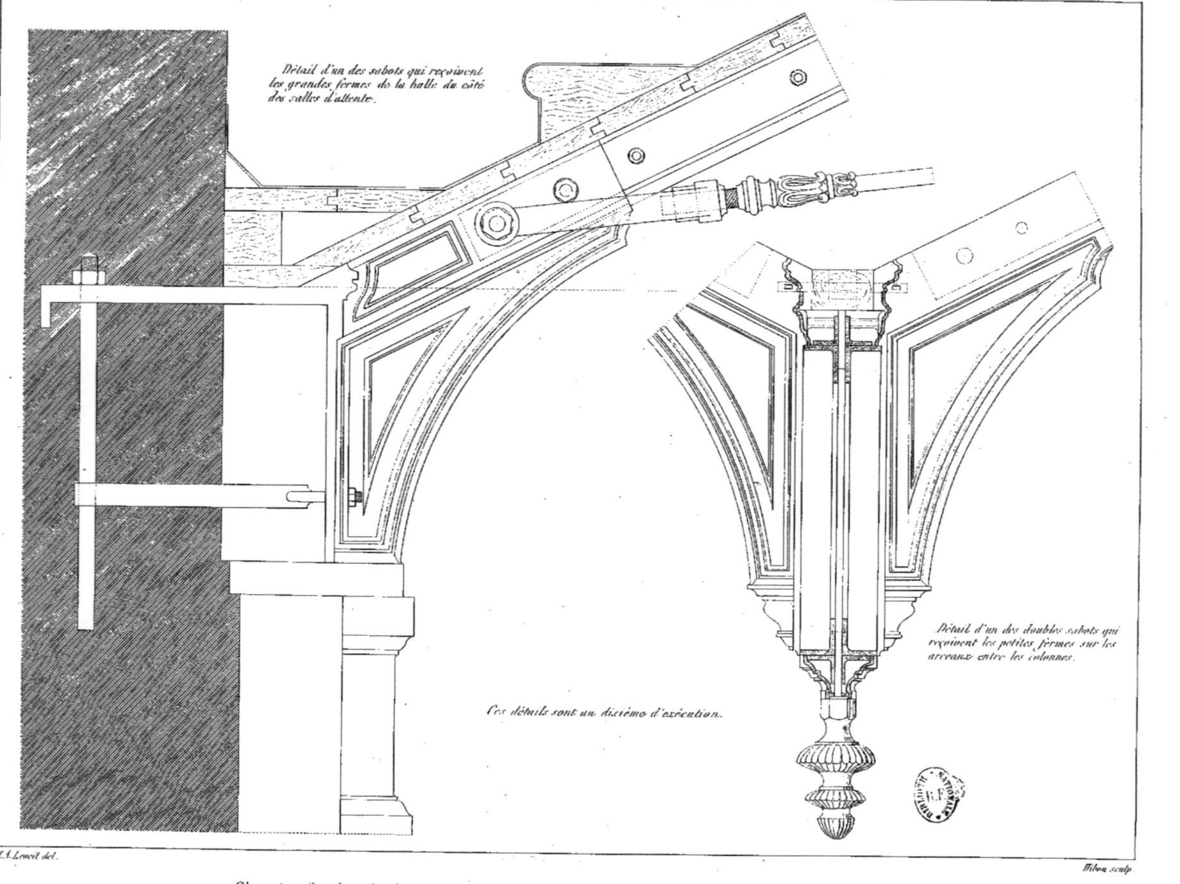

J. A. Leroi del.

Hibon sculp.

Chemin de fer de l'Ouest. Gare de Paris par Mr Victor Lenoir architecte.

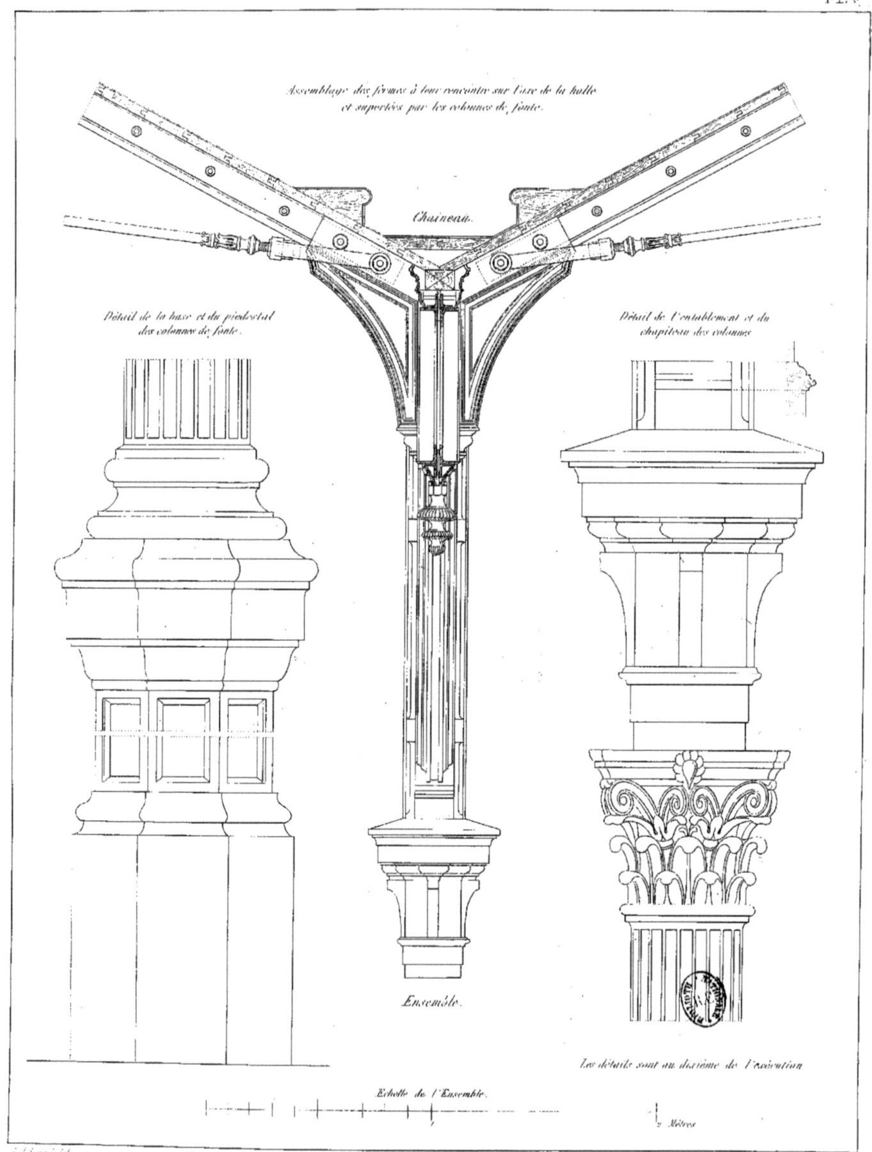

Chemin de fer de l'Ouest. Gare de Paris par M^r. Victor Lenoir architecte.

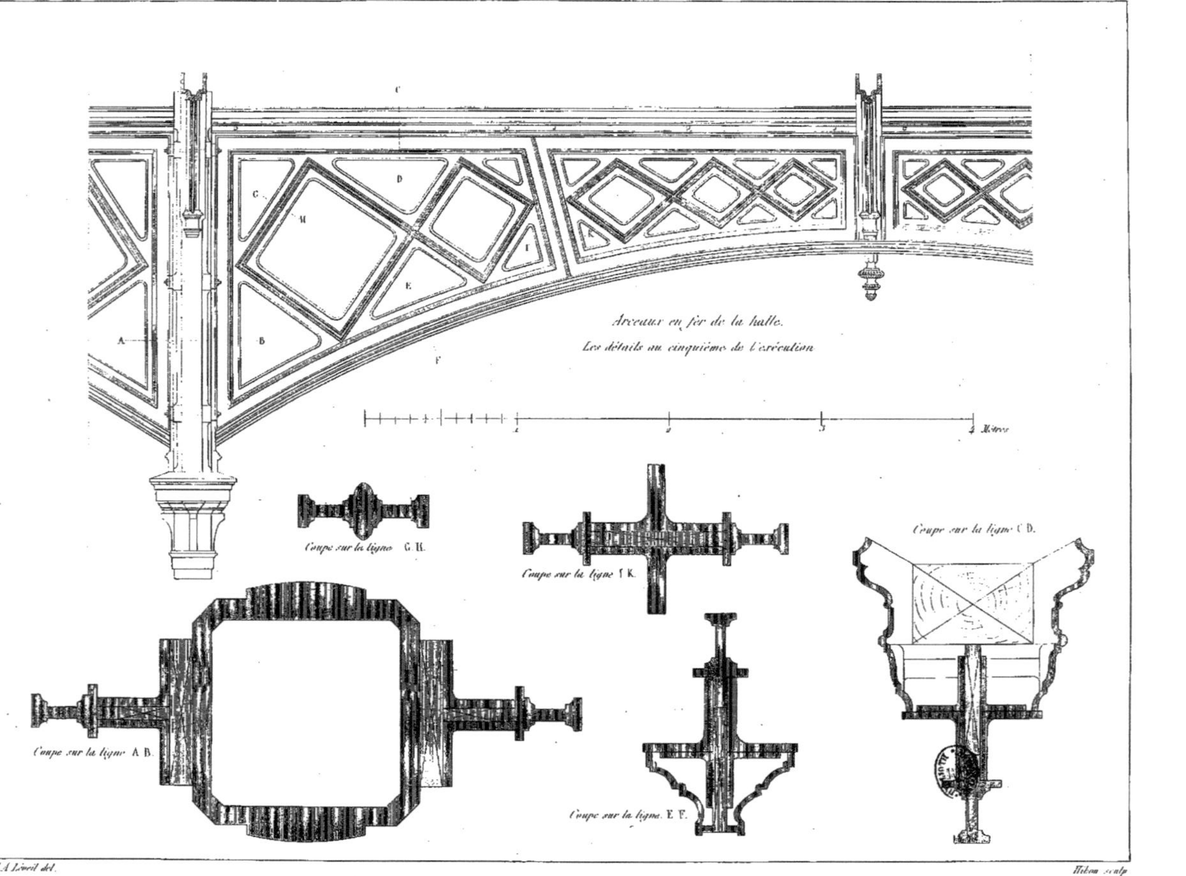

J. A. Léveil del.

Hibon sculp.

Chemin de fer de l'Ouest. Gare de Paris par Mr Victor Lenoir architecte.

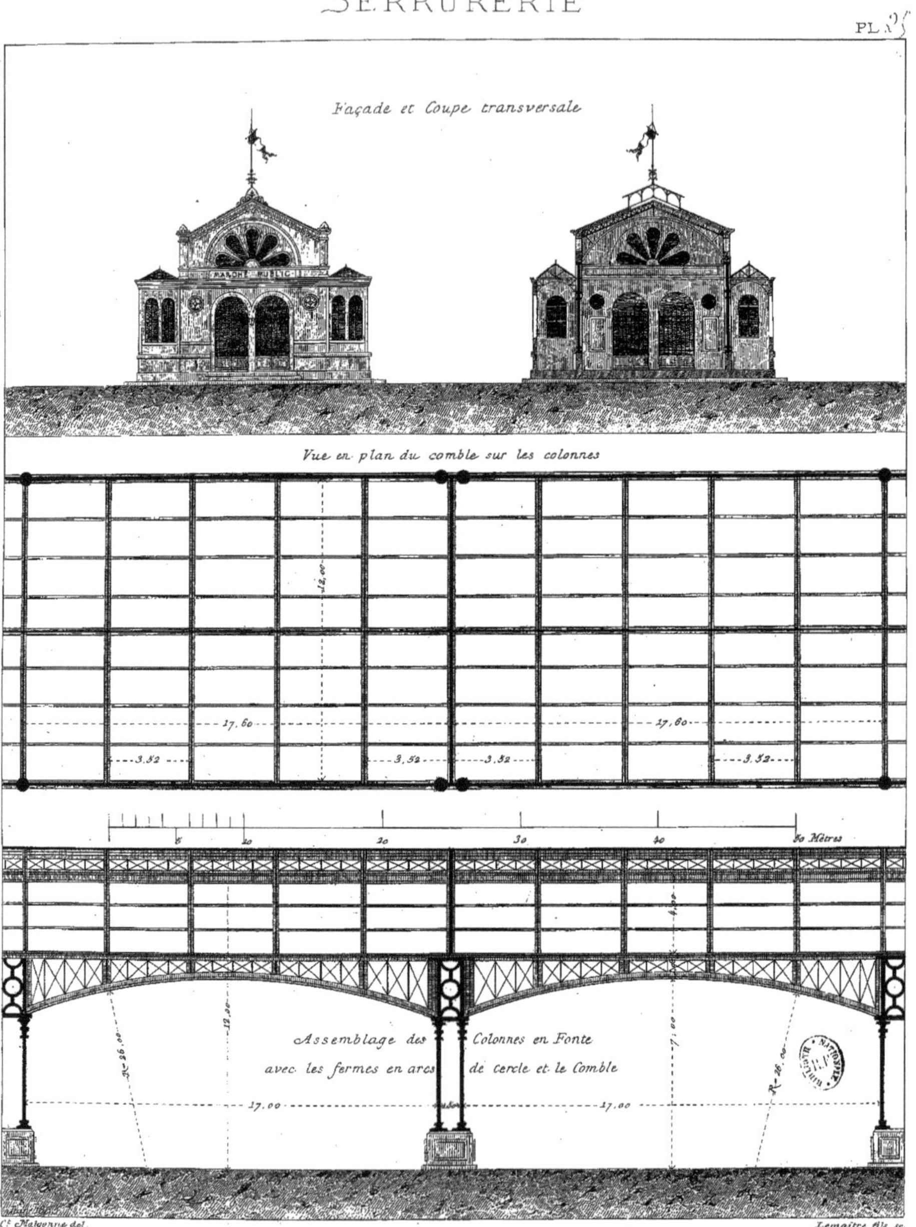

Ct Malgonne del.

Lemaître fils sc.

CONSTRUCTIONS COLONIALES, — Marché Couvert.

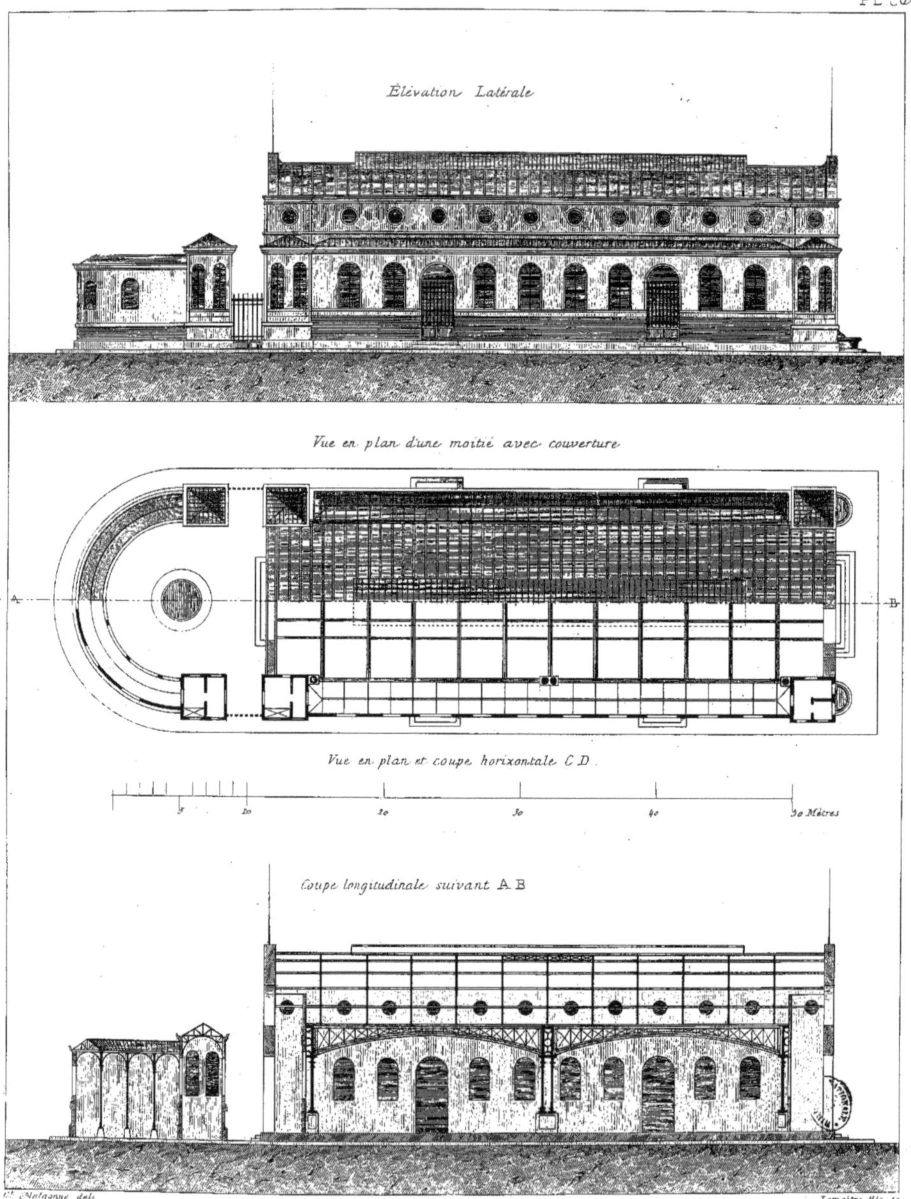

Cl. Malgonne del.

Lemaître fils sc.

CONSTRUCTIONS COLONIALES _ Marché Couvert

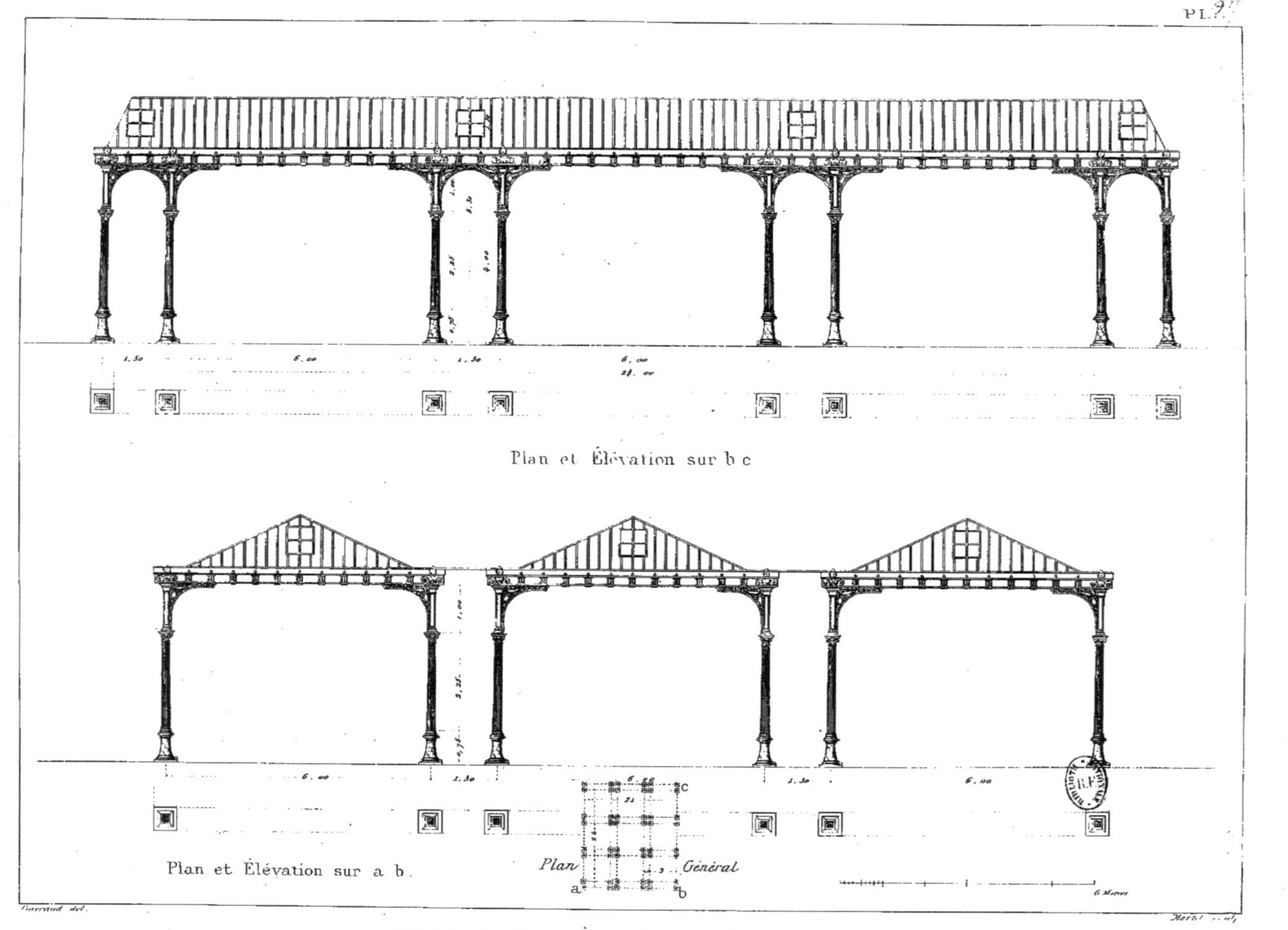

HALLE EN FER, À L'ILE DE LA RÉUNION.
M. Paliard, Architecte.

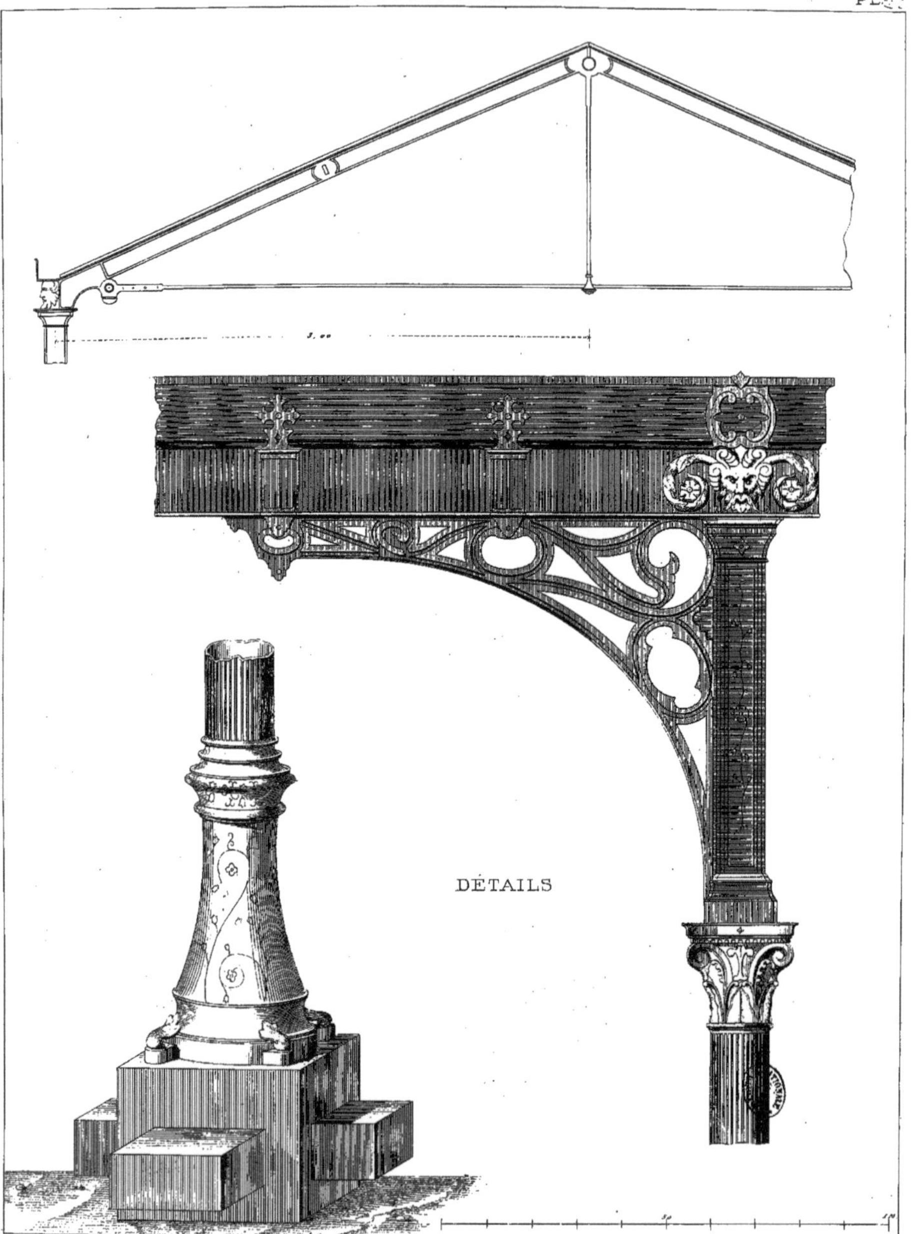

HALLE EN FER, À L'ILE DE LA RÉUNION.
M. Paliard, Architecte.

SERRURERIE

PL.

FOURRIÈRE. (PARIS)

Coupe transversale du grand hangar.

Executé par Mrs GAU et BALLU architectes.

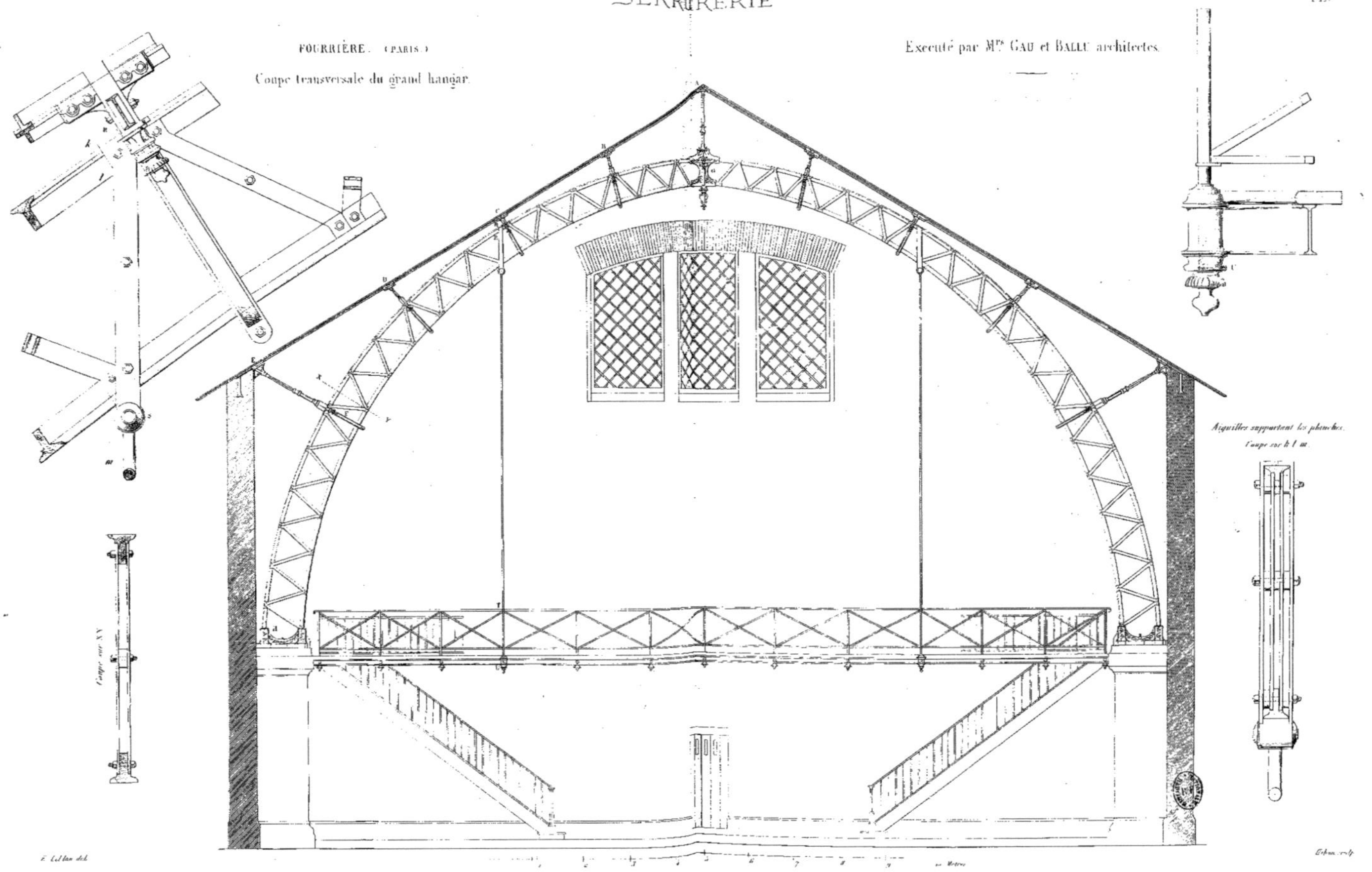

Aiguilles supportant les planches.

Coupe sur h l m

Coupe sur X X

E. Leblan del.

Lebas sculp.

SERRURERIE

PL. 51

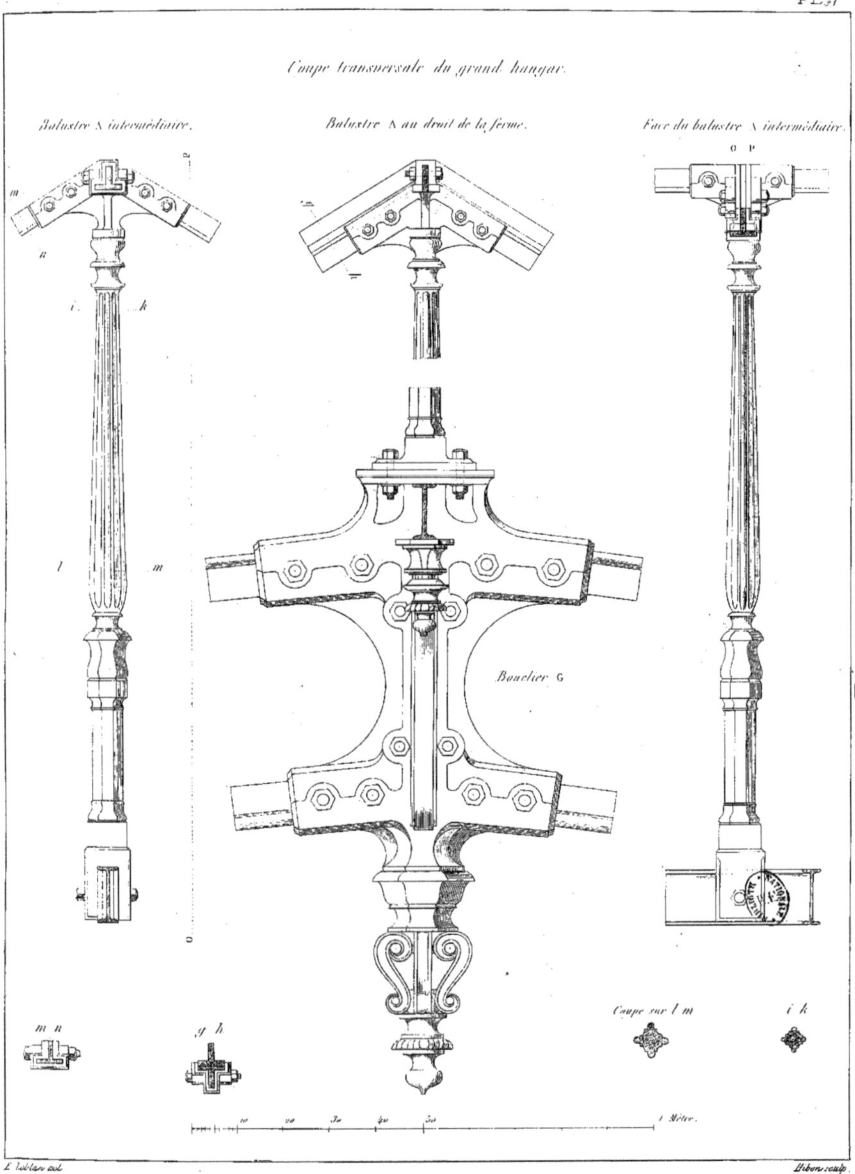

E. Leblanc del. Hibon sculp.

FOURRIÈRE. (PARIS)

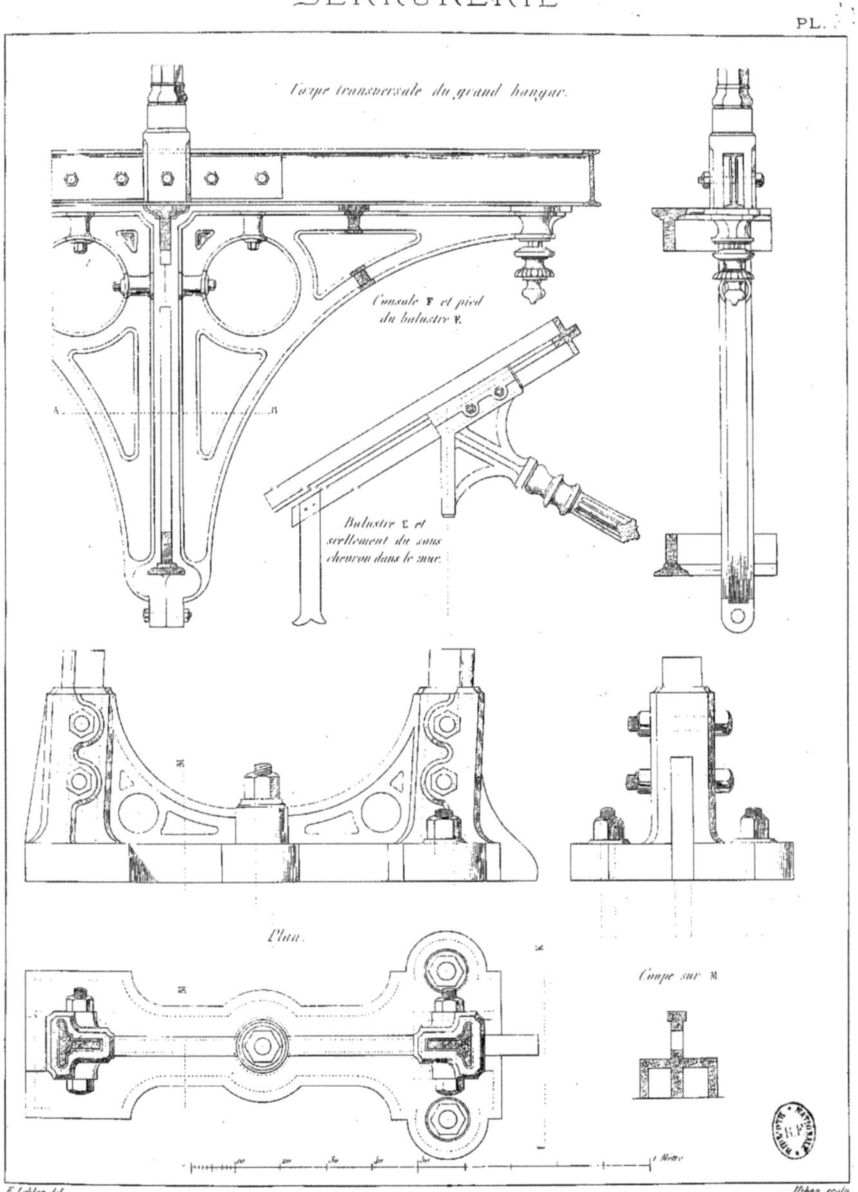

E. Leblan del.

Huban sculp.

FOURRIÈRE. (PARIS.)

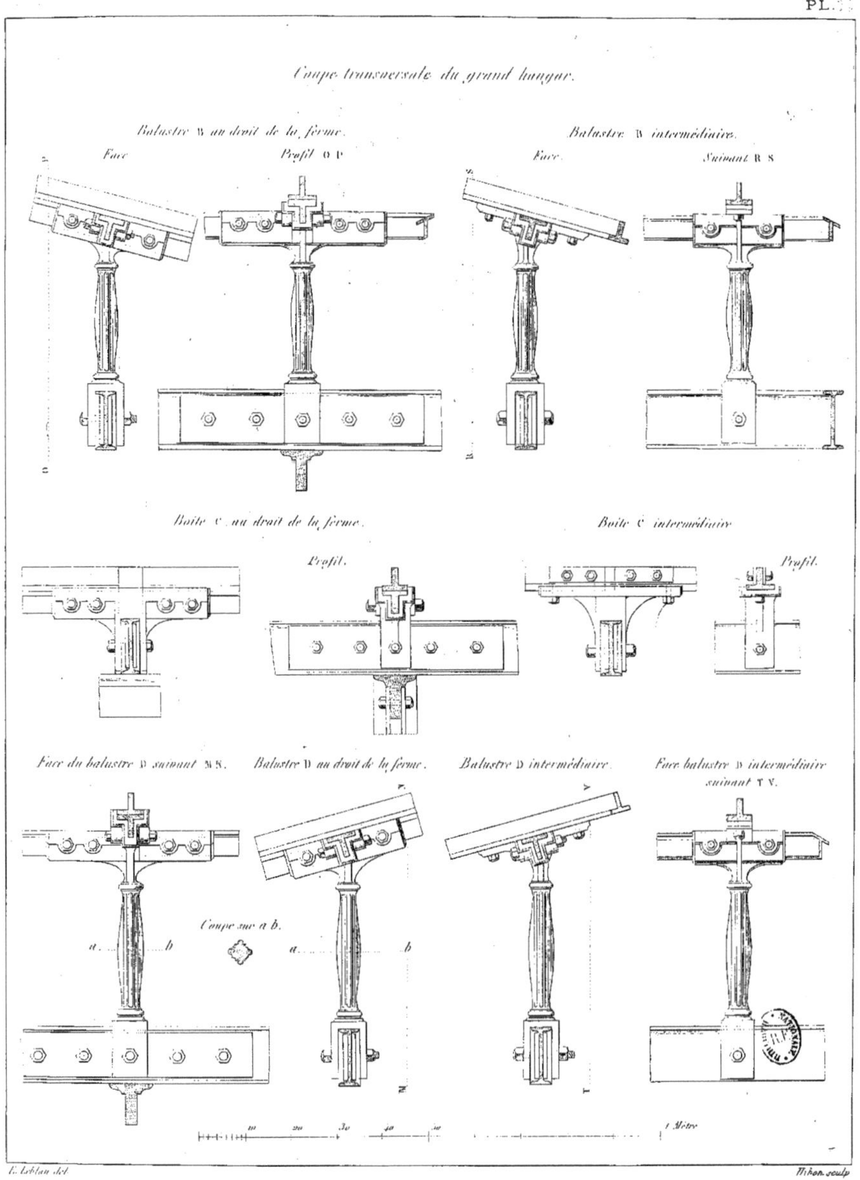

E. Leblan del.

Tihon sculp

FOURRIÈRE (PARIS)

Imp. Lemercier et Cie

P. Husson direx.

Guillaumot sc.

GRAND COMBLE EN FER, A FERMES ÉVIDÉES

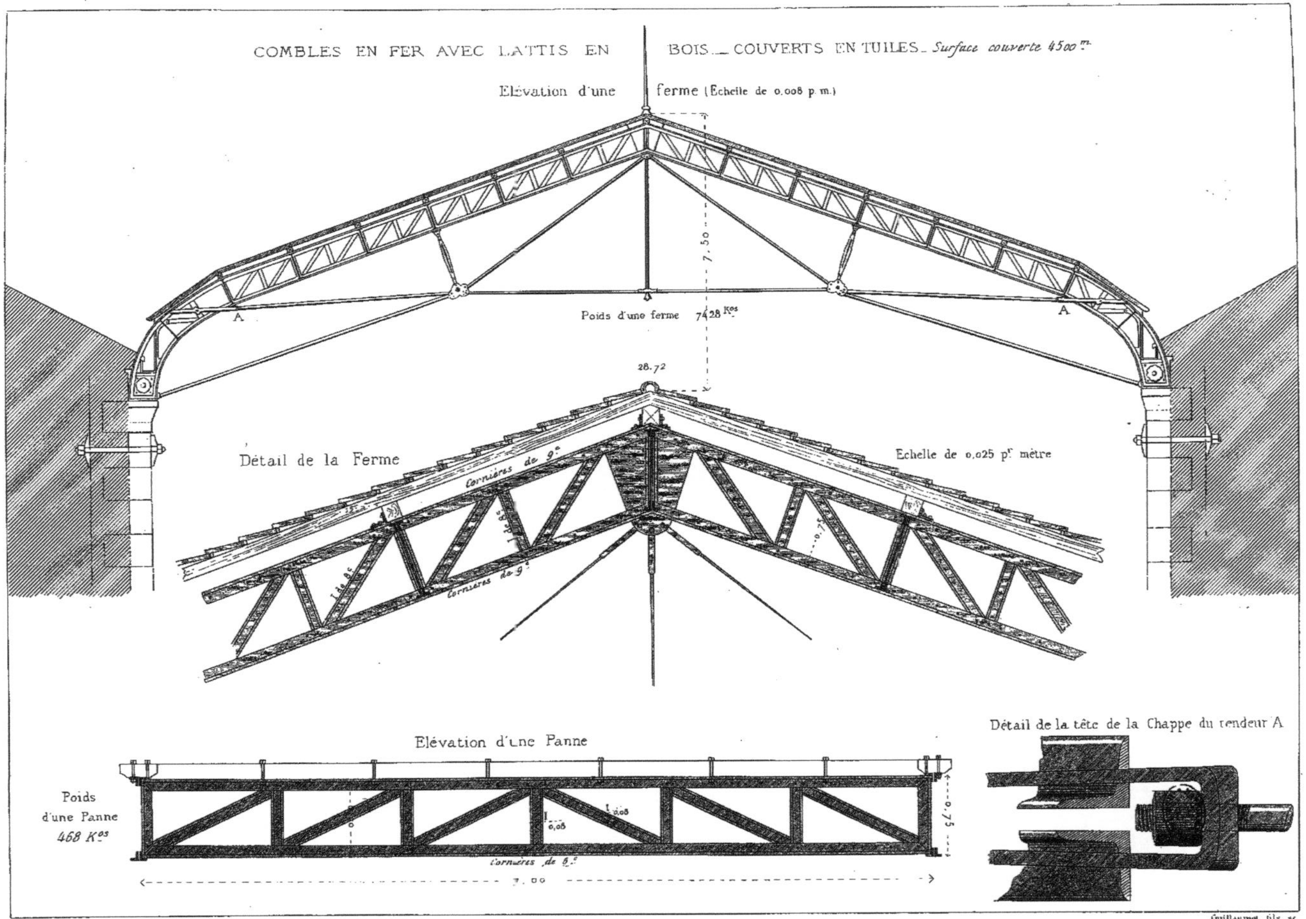

COMBLES EN FER AVEC LATTIS EN BOIS — COUVERTS EN TUILES — *Surface couverte 4500 m.*

Élévation d'une ferme (Échelle de 0,008 p. m.)

7,50

Poids d'une ferme 7428 K^os

A

A

28,72

Détail de la Ferme

Echelle de 0,025 p^r mètre

Cornières de 9^c

Cornières de 9^c

0,75

Élévation d'une Panne

Poids d'une Panne 468 K^os

0,08

0,08

0,75

Cornières de 6^c

7,00

Détail de la tête de la Chappe du tendeur A

F. Husson del.

Guillaumot fils sc.

ENTREPÔT DES LIQUIDES DE LA VILLE DE PARIS — HALLES COUVERTES DES PRÉAUX AUX EAUX-DE-VIE

M. Cernesson, Architecte

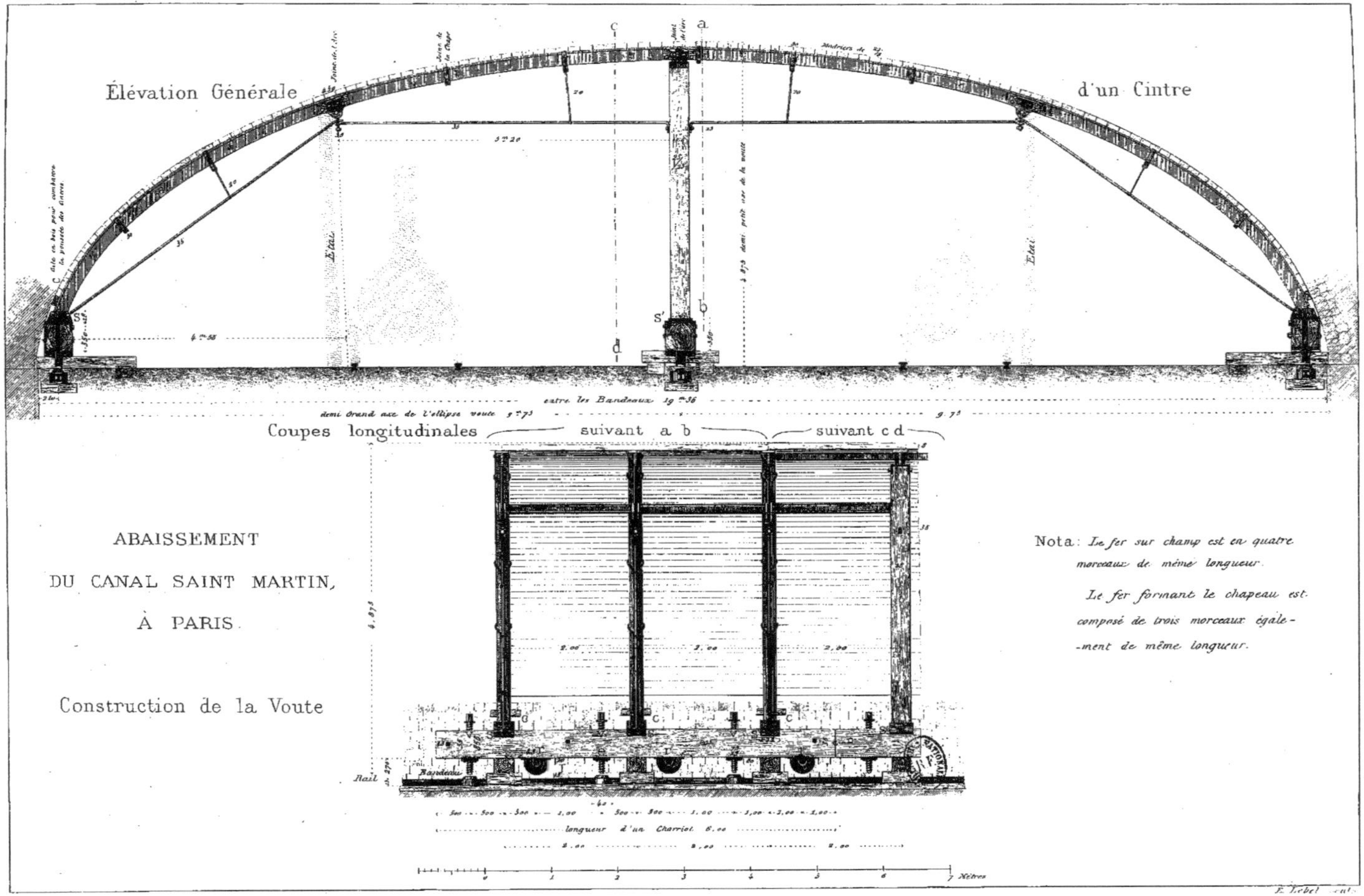

ABAISSEMENT DU CANAL SAINT MARTIN, À PARIS.

Construction de la Voute

Élevation Générale d'un Cintre

Coupes longitudinales suivant a b suivant c d

Nota: Le fer sur champ est en quatre morceaux de même longueur.

Le fer formant le chapeau est composé de trois morceaux égale-ment de même longueur.

E. Lebel sc.

SERRURERIE

PL. 1

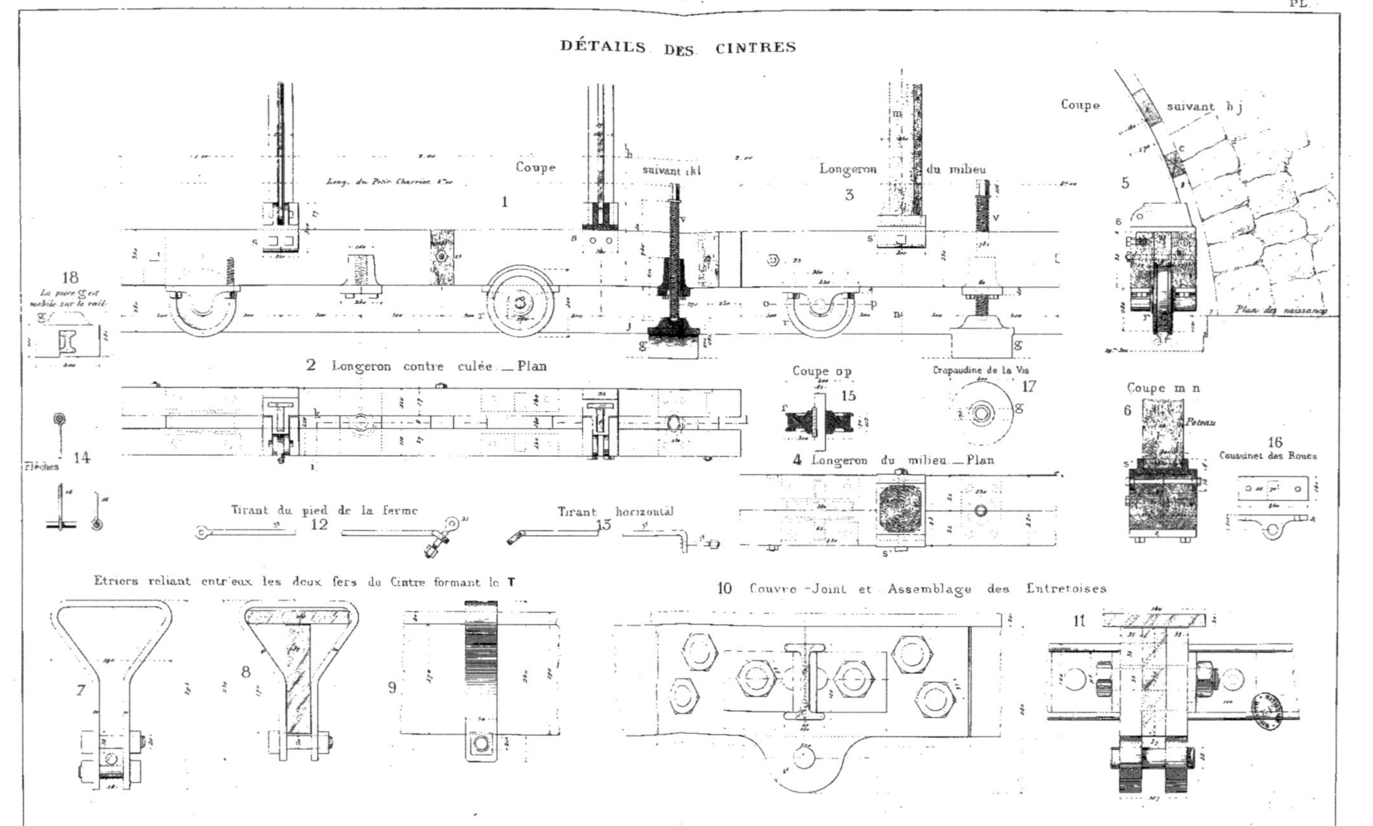

ABAISSEMENT DU CANAL SAINT MARTIN, À PARIS.

Construction de la Voute

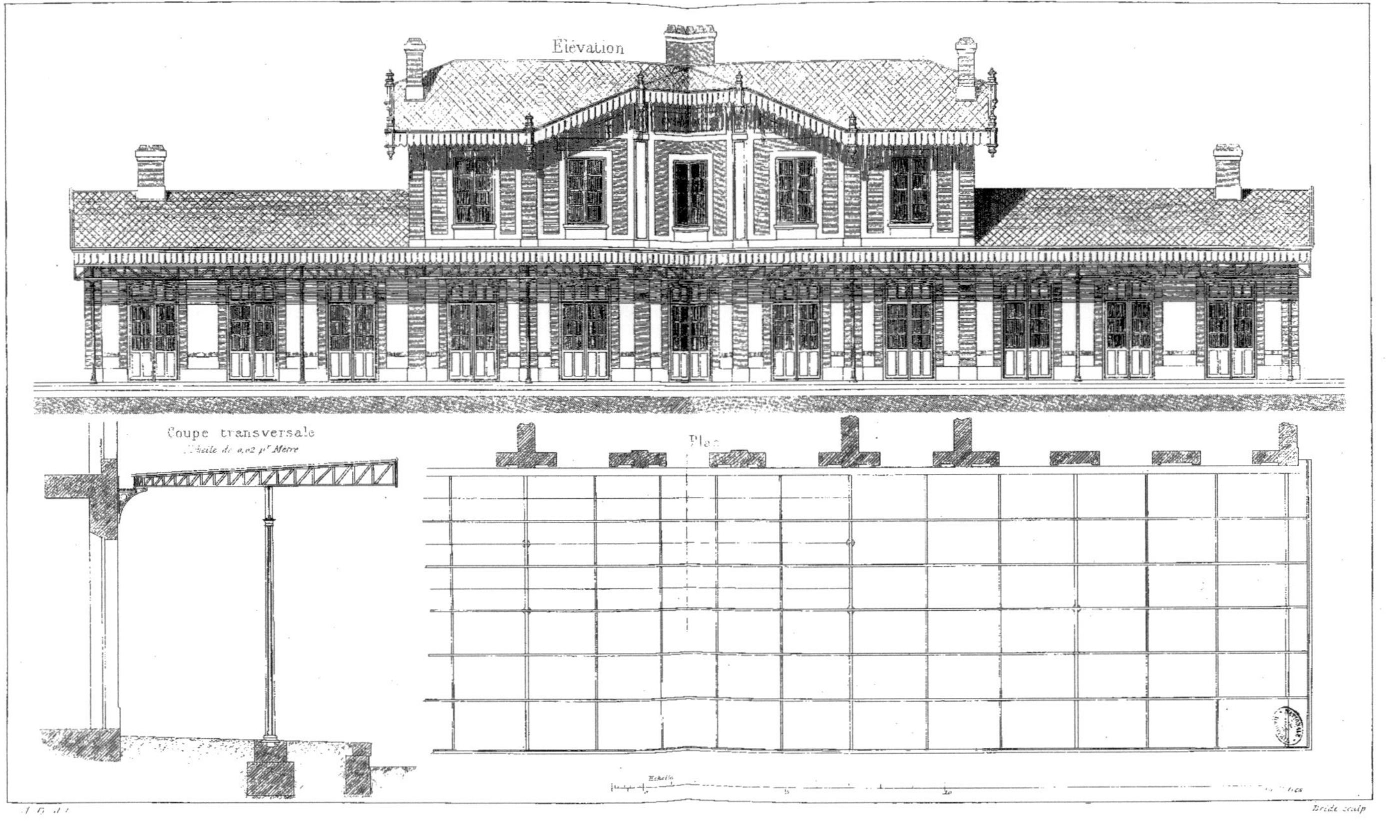

MARQUISES ÉTABLIES À TOUTES LES STATIONS DES LIGNES DU CHEMIN DE FER DE L'EST

PAR RICOLET CONSTRUCTEUR, À PARIS.

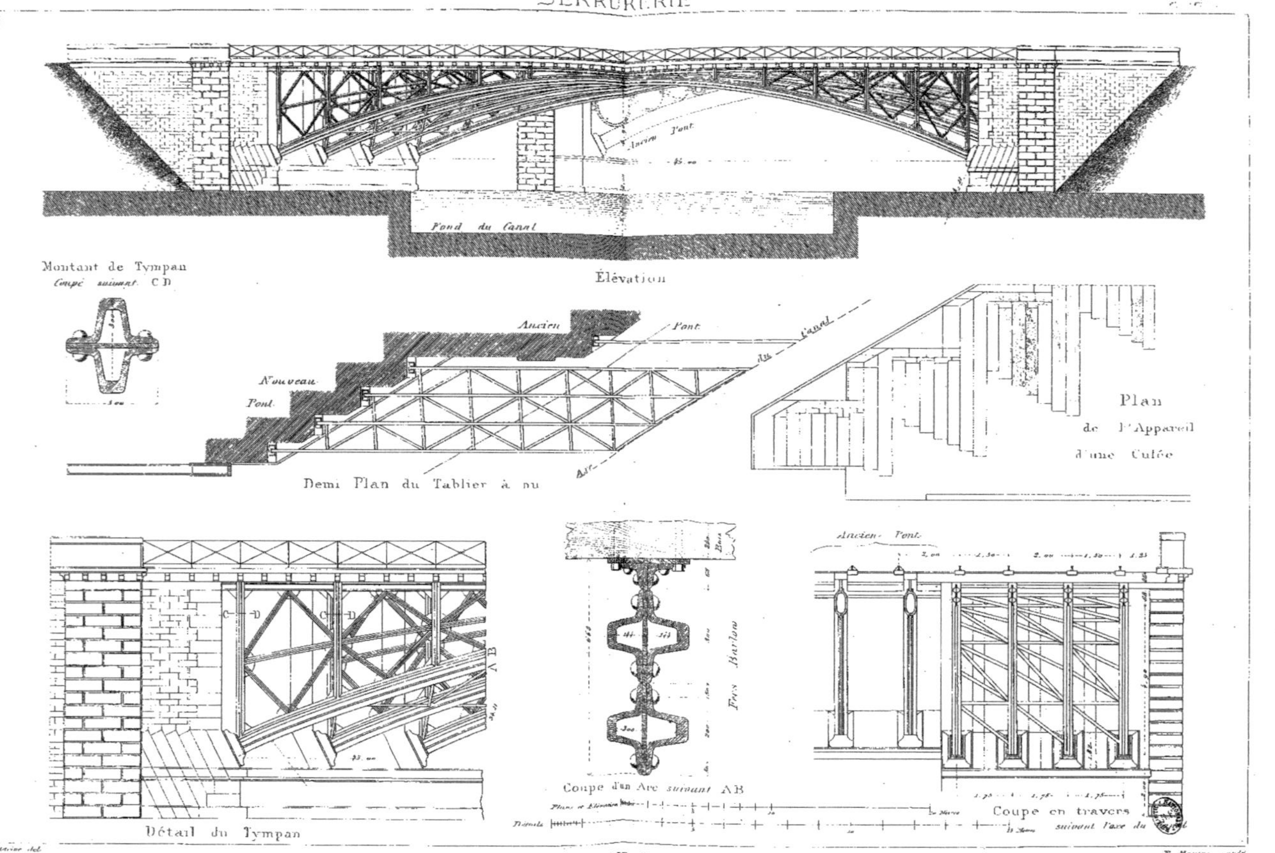

PONT BIAIS EN FER
pour le Passage du Chemin de Fer du Nord, sur le Canal Saint-Denis.

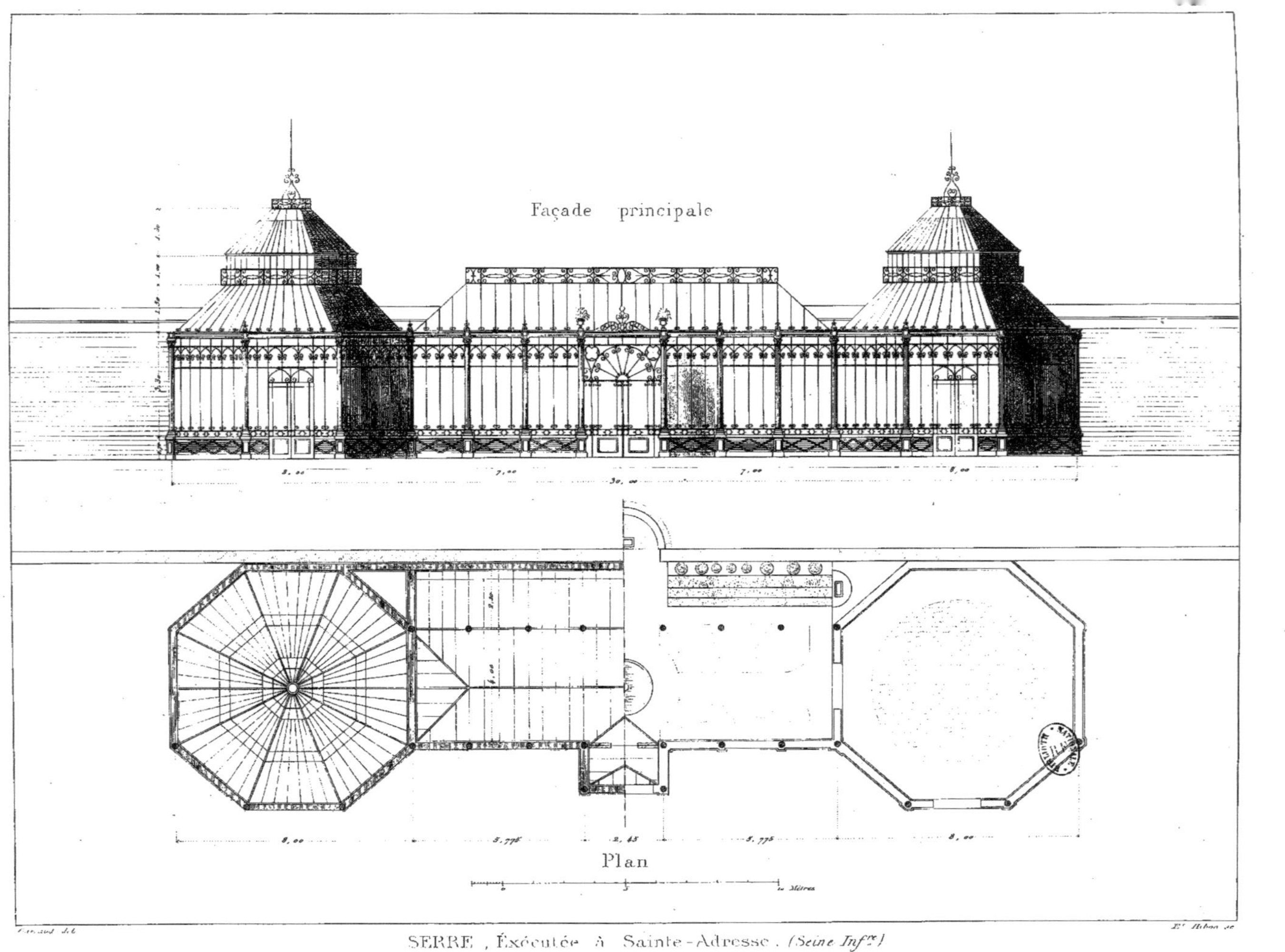

SERRE, Éxécutée à Sainte-Adresse. (Seine Infre)
M. Jeanson, Architecte.

Pl.

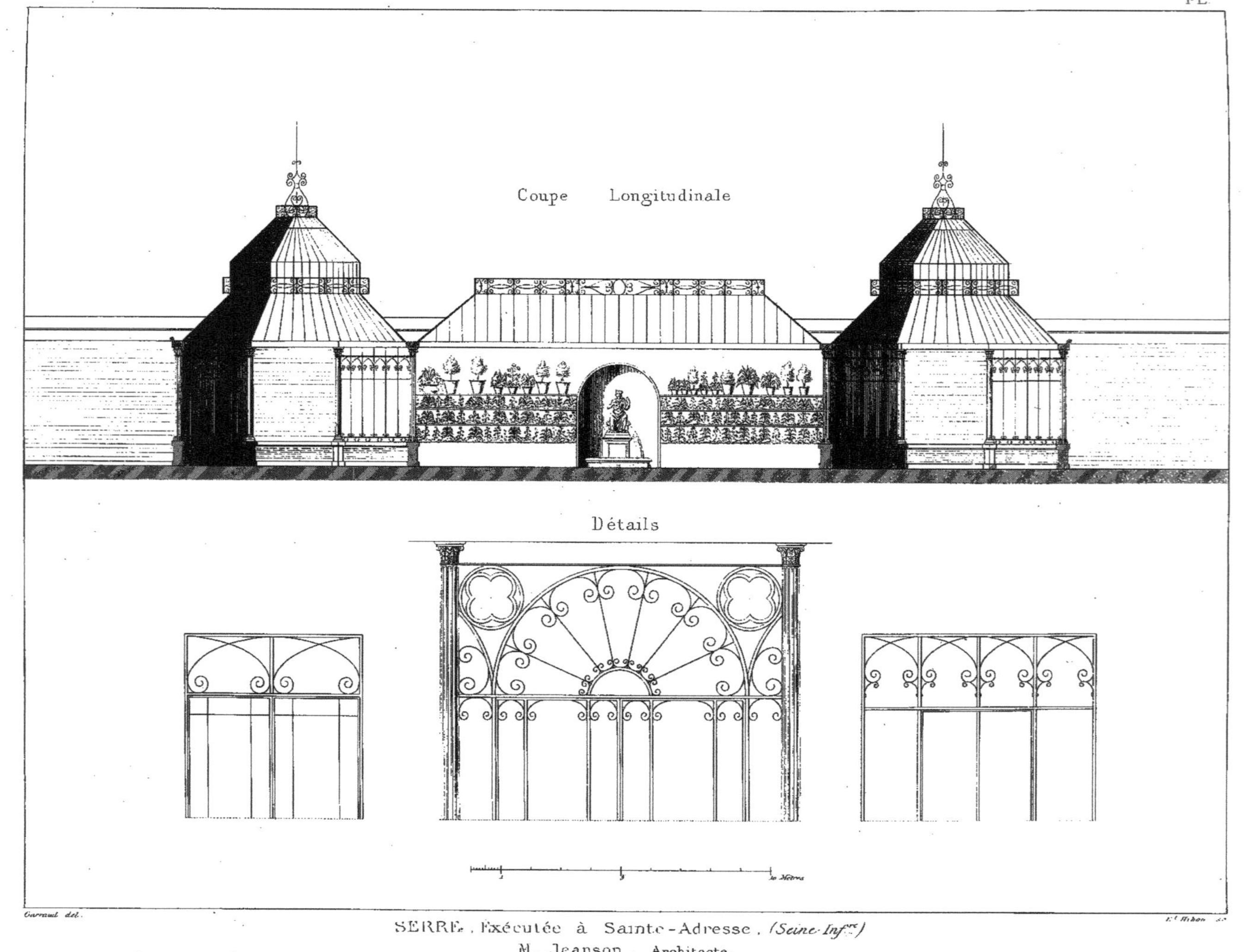

SERRE, Exécutée à Sainte-Adresse, *(Seine-Infre)*

M. Jeanson, Architecte.

SERRURERIE

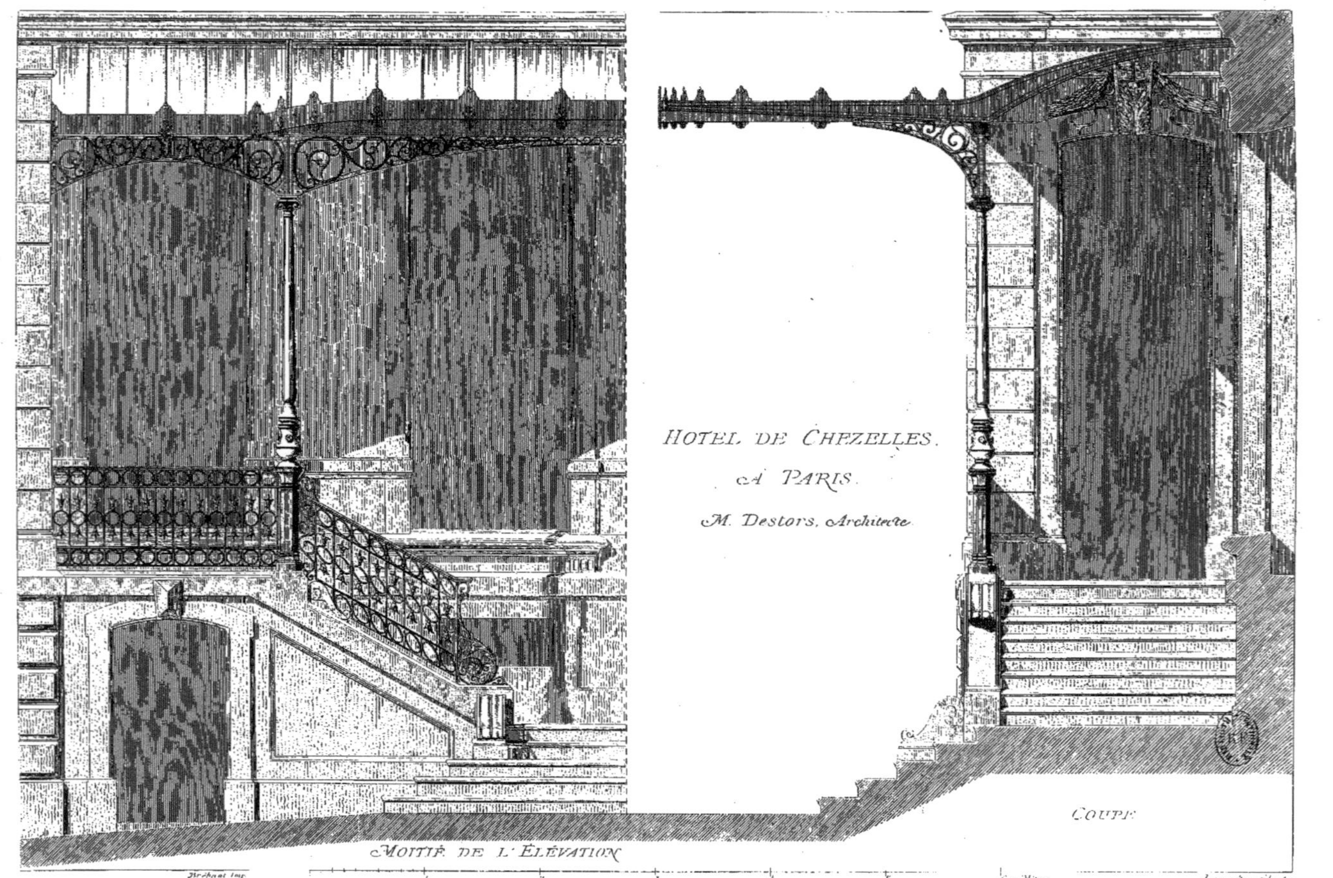

MARQUISE

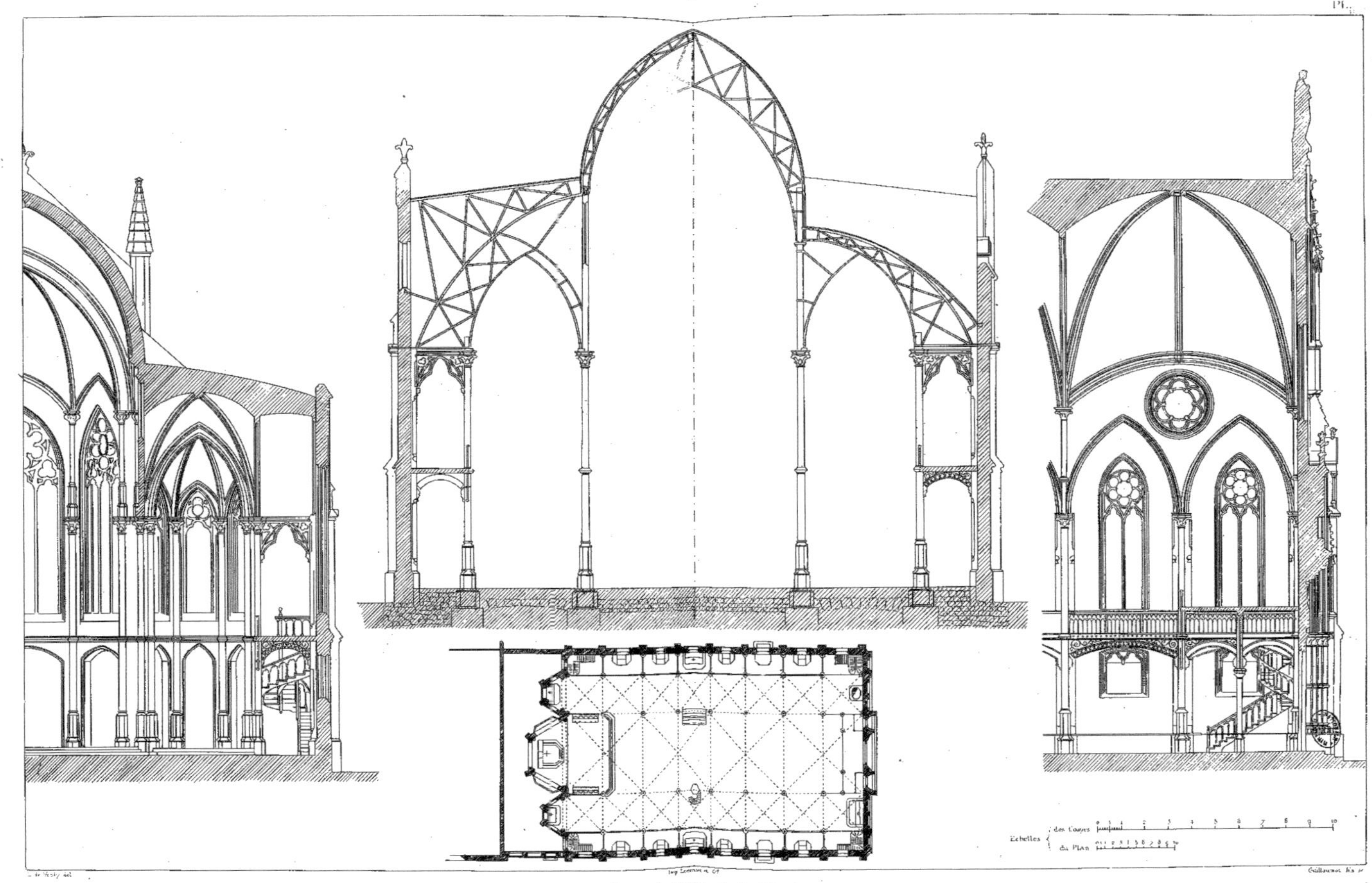

ÉGLISE S^T EUGÈNE, À PARIS. _ M. BOILEAU, ARCHITECTE.
Coupes et Plan.

SERRURERIE

PL. 4(?)

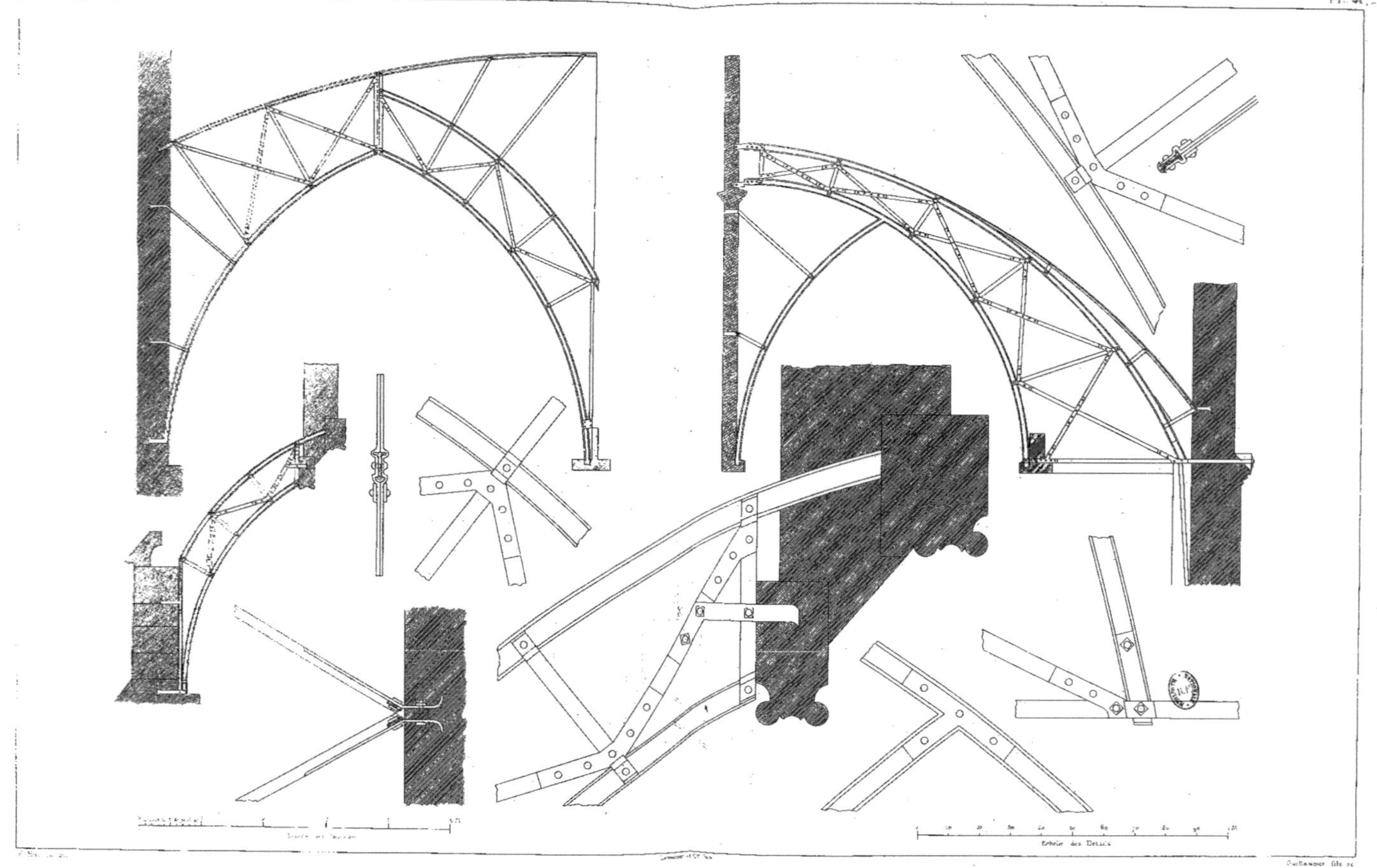

EGLISE SAINT EUGÈNE, A PARIS. — M. BOILEAU, ARCHITECTE

DETAILS

SERRURERIE

Pl. 49

GARE DE PARIS
DUQUESNEY ARCHITECTE

CHEMIN DE FER DE PARIS A STRASBOURG.

DÉTAIL DE LA GRILLE D'ENTRÉE
AVEC CANDELABRE

Hibon sculp.

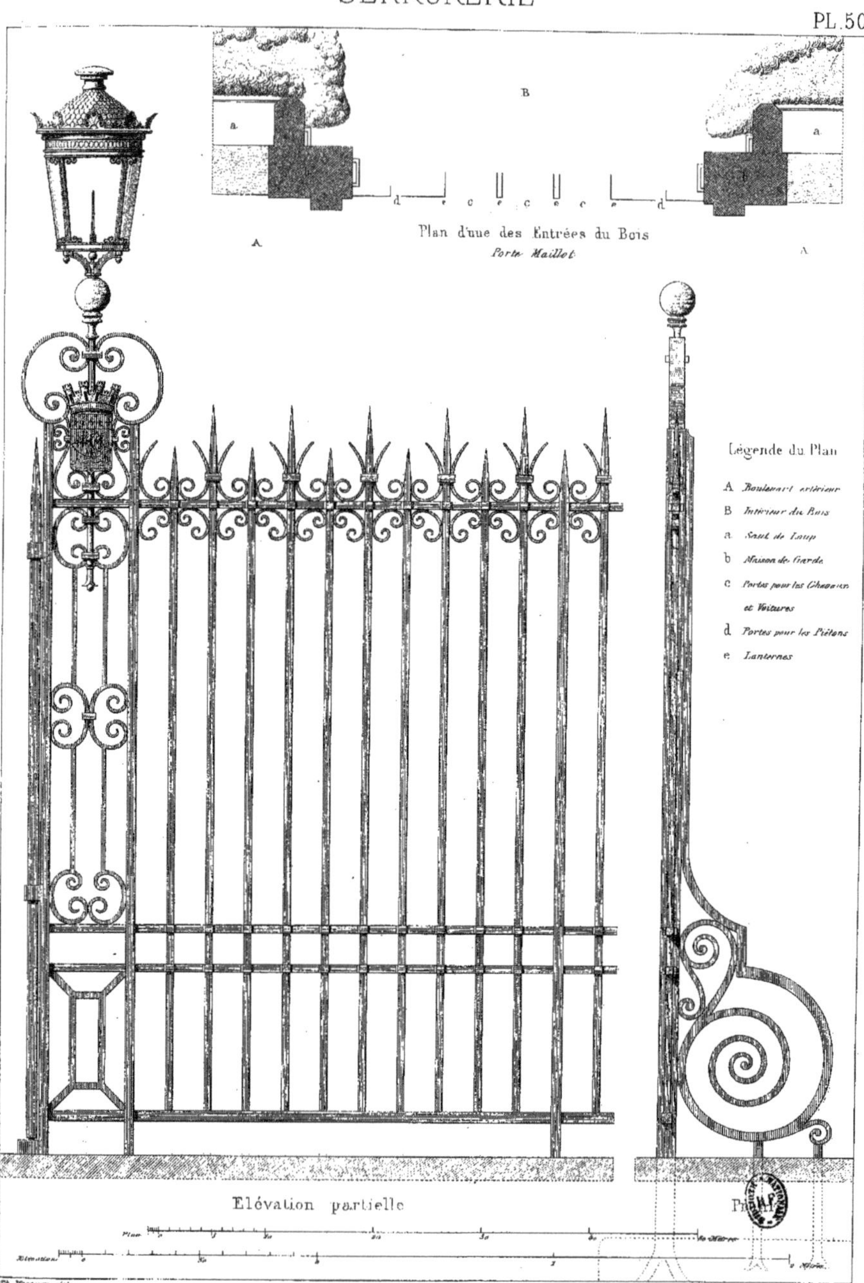

BOIS DE BOULOGNE_ GRILLES DE CLÔTURE.

PALAIS DU LOUVRE. (PARIS)

Grille en fonte de fer placée dans la cour par Mr. Duban, architecte.

R. Pfnor del. et sculp.

SERRURERIE

PL.

GRILLE SUR LA RUE DE LA BANQUE.

(Louis XIII)

0 — 50 — 1 — 2 — 3 Mètres

Th. Vacquer del. — Boullay sculp.

CASERNE DES PETITS-PÈRES.

Nouvelle GRILLE sur le Quai d'Orsay. — par M. Eudes, Architecte.

Th. Vorguer del. — Boullay sculp.

CAISSE D'AMORTISSEMENT

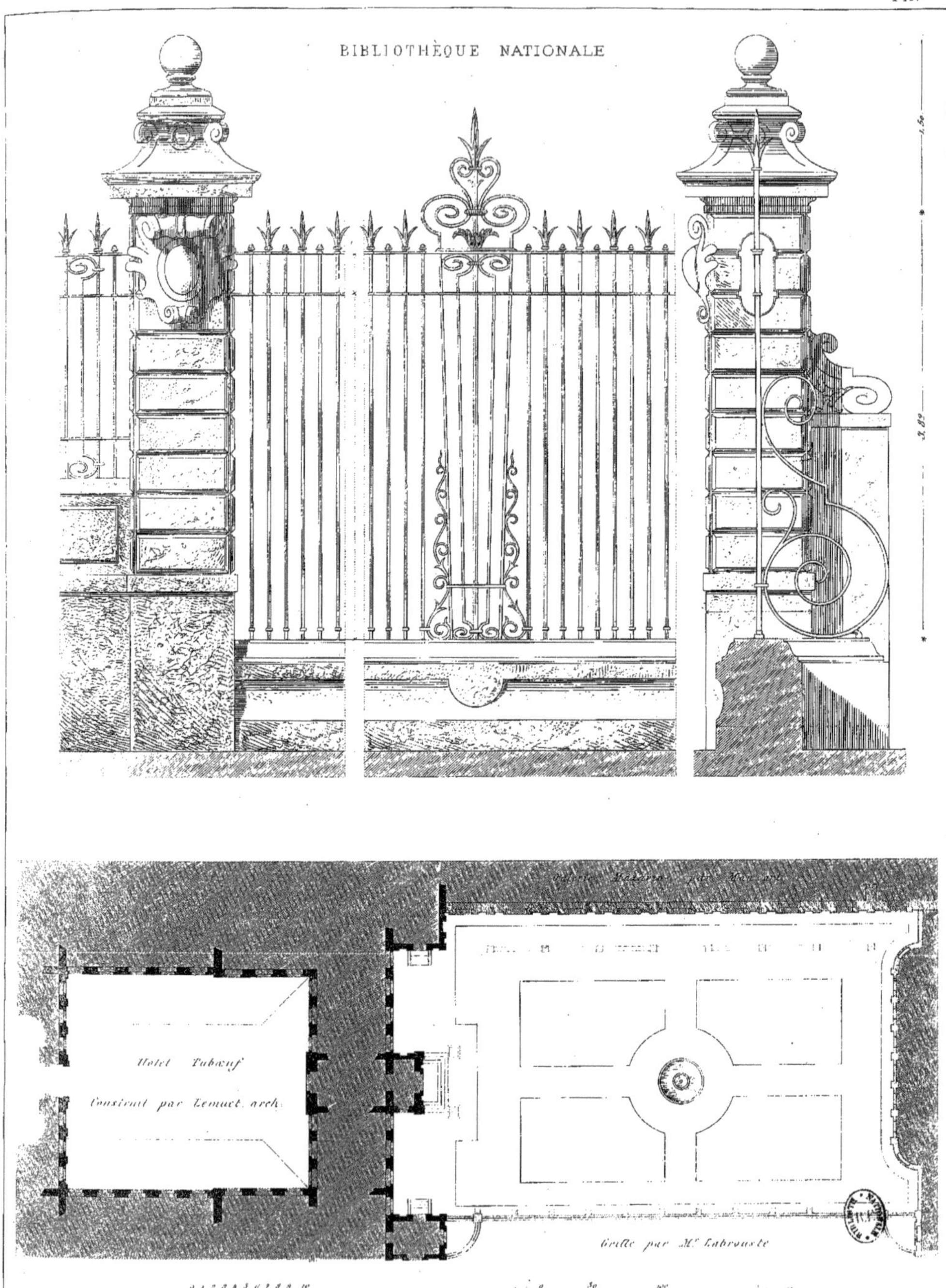
BIBLIOTHÈQUE NATIONALE
1.50
3.82
Galerie Mazarine par Mansart
Hotel Tubœuf
Construit par Lemuet. arch.
Grille par Mr Labrouste
Plan 0 1 2 3 4 5 6 7 8 9 10 20 M.
Grille 0 50 100 200 M.

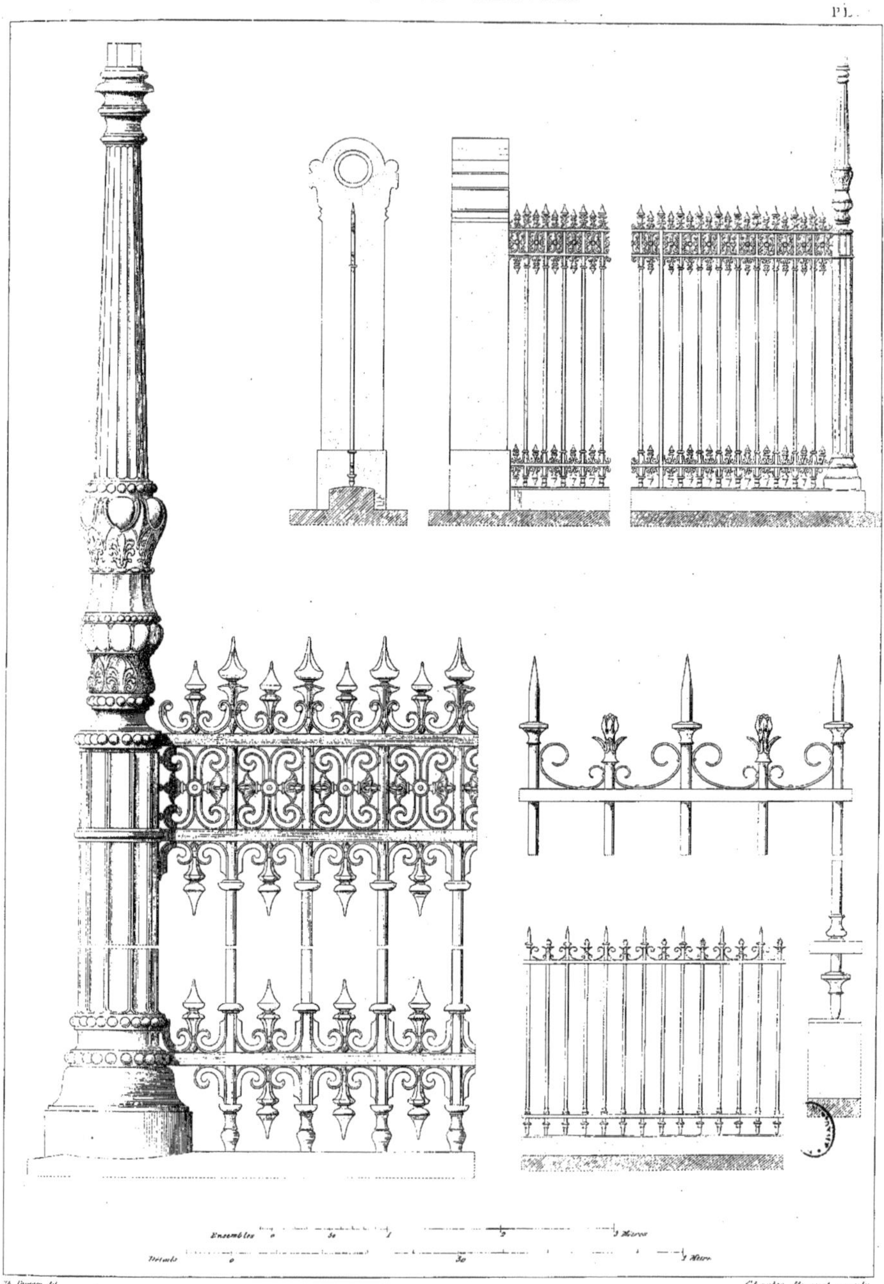

Ch. Duquesne del. Charles Huguet sculp.

GRILLE DES MAISONS CIRCULAIRES
DE LA PLACE DE L'ÉTOILE ET DE L'AVENUE DU BOIS DE BOULOGNE

Mr Descaves,
Architecte du Département.

Charles Bude del. et sculp.

GRILLE DE LA PRÉFECTURE DE CHAUMONT

HOTEL DU PRINCE NAPOLÉON. Avenue Montaigne. A. NORMAND Architecte.
Grille sur l'Avenue. — Ensemble.

SERRURERIE.

PL. 18

HOTEL DU PRINCE NAPOLÉON, Avenue Montaigne, Grille sur l'avenue_Détails.

Imp. Lemercier & Cie Paris

GRILLE EXÉCUTÉE À FONTARABIE

CLÔTURE DU PALAIS DES BEAUX ARTS
RUE BONAPARTE, (PARIS)

SERRURERIE

PL.

Grillage posé a la Chapelle de Monseigr le Cardinal de Lorraine fondateur de l'Insigne Eglise Primatiale de Lorraine; et un pareil à celle de Mr de Bouzey Grand Doyen de la même Eglise Primatiale de Nancy. Lamour Invenit

GRILLE A NANCY

GRILLE EN FER FORGÉ

AU JARDIN GRAND DUCAL

À

DARMSTADT

Échelle de .... 2 Mètres

1720

Pfnor del. — Huben sculp.

SERRURERIE

PL. 64

GRILLE EN FER FORGÉ

A

DARMSTADT

1720

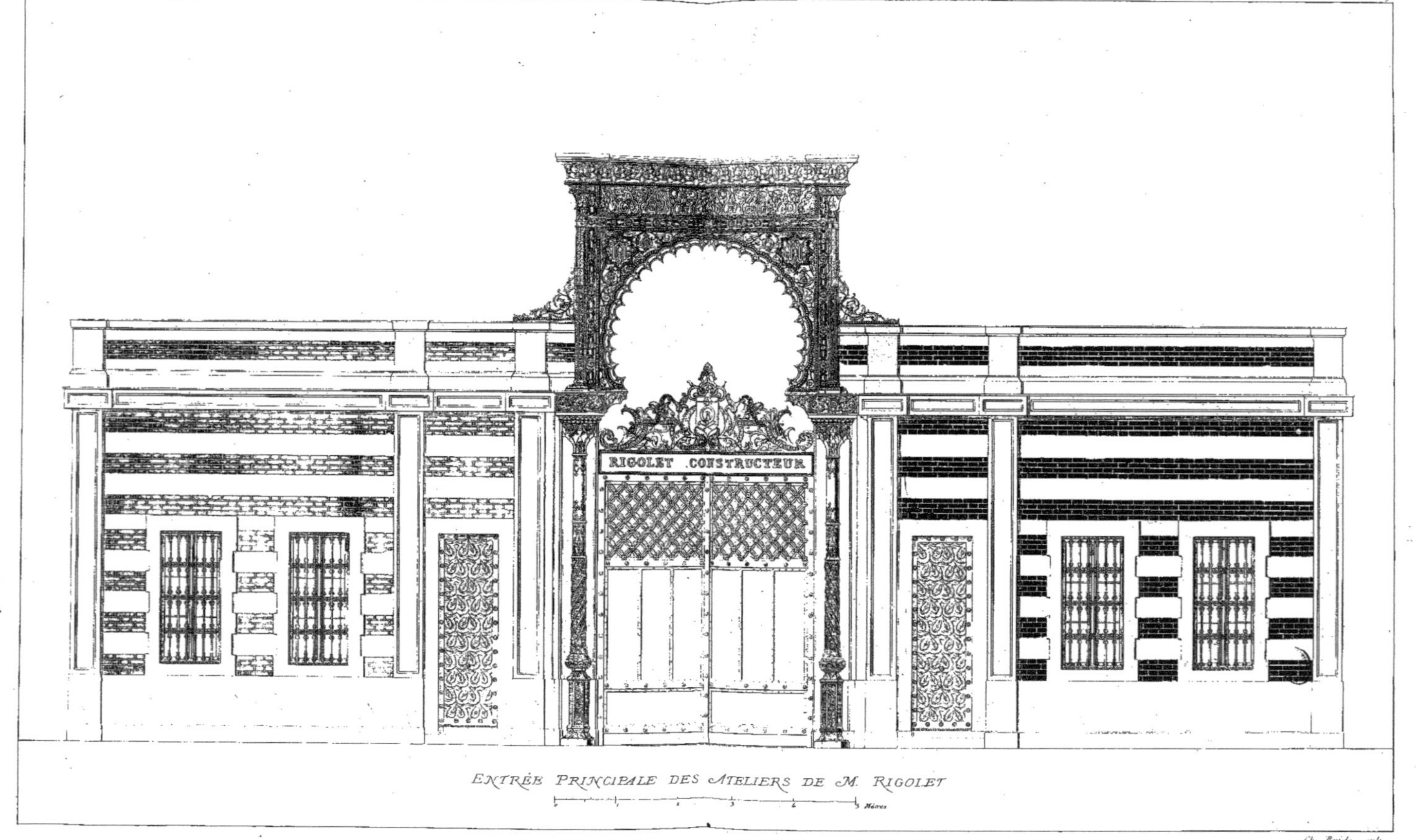

ENTRÉE PRINCIPALE DES ATELIERS DE M. RIGOLET

Ch. Bride sculp.

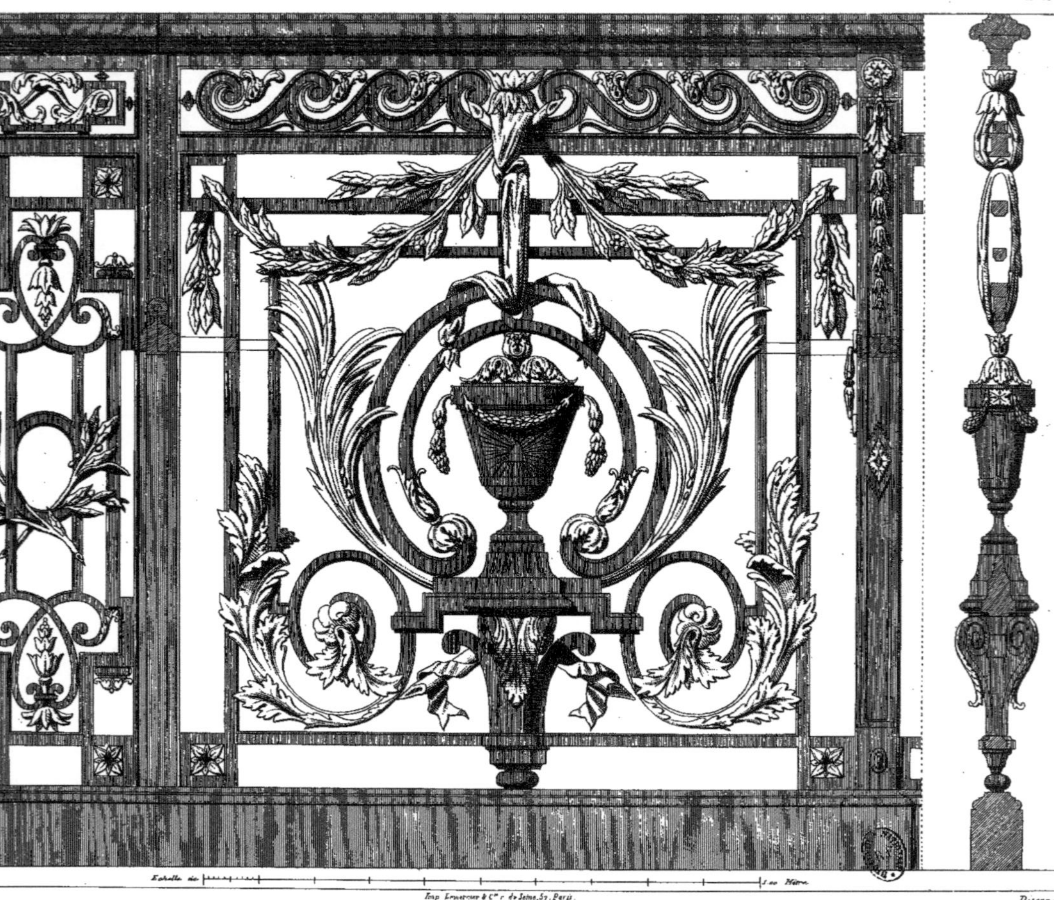

E. Leblan del.

Imp. Lemercier & Cie r. de Seine, 57, Paris.

Dujeon sc.

ÉGLISE St GERMAIN L'AUXERROIS, à Paris

Clôture en fer forgé Pl. I.

1866

SERRURERIE

PL. 68

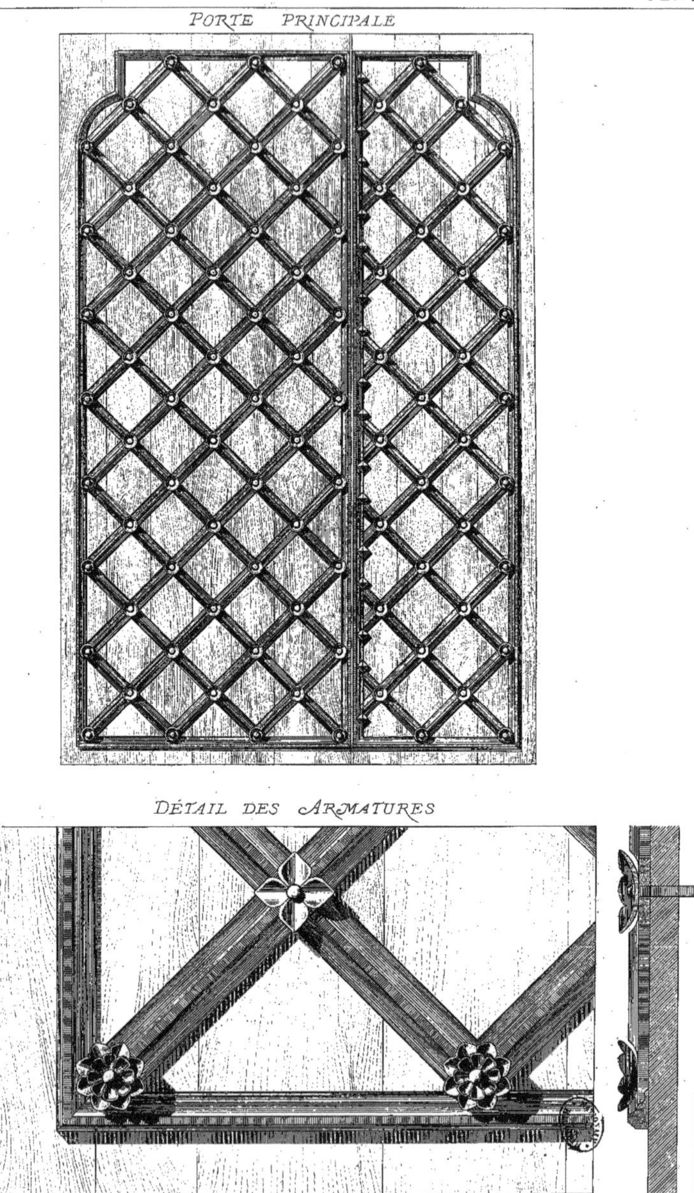

L. Leblan del.

DÉTAILS DU BALCON

ET DES CONSOLES

QUI LE SUPPORTENT

SERRURERIE

BALCONS EN FER FORGÉ DU XVIIE SIÈCLE.

Quai des Grands Augustins. _ Paris.

10 20 30 40 50 1 Mètre

Pfnor sculp

E. Ljoor del. Hibon sculp.

VERANDA DANS LA COUR DE LA MAISON N° 39. PLACE KLÉBER
A STRASBOURG

SERRURERIE

PL. 72

COMPOSITION DE JEAN BERAIN

XVIIe SIÈCLE

Imp. Lemercier et Cie

COMPOSITION DE JEAN BERAIN

XVIIe SIÈCLE

Imp Lemercier et Cie — F. Husson direx. — Guillaumot sc.

SALLE D'APOLLON. BALCON DE CHARLES IX
AU LOUVRE

PL 75

XVII SIÈCLE
Escalier en Pierre Rampe en fer forgé
PARIS _ Place de la Bourse
Détails 10 20 30 40 50 Mètres
Plan 1 2 3 4 5 Mètres
E. Leblan. del.
Huguet Fils sculp.

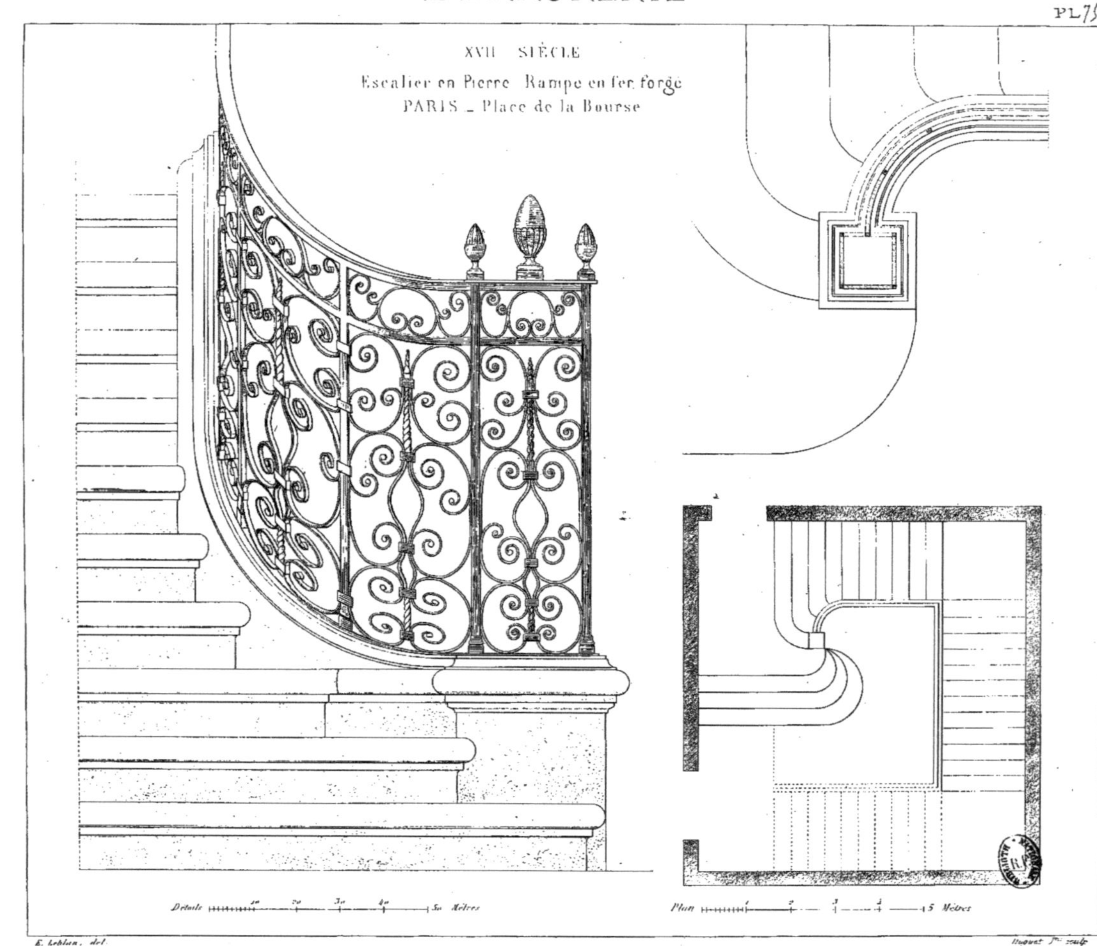

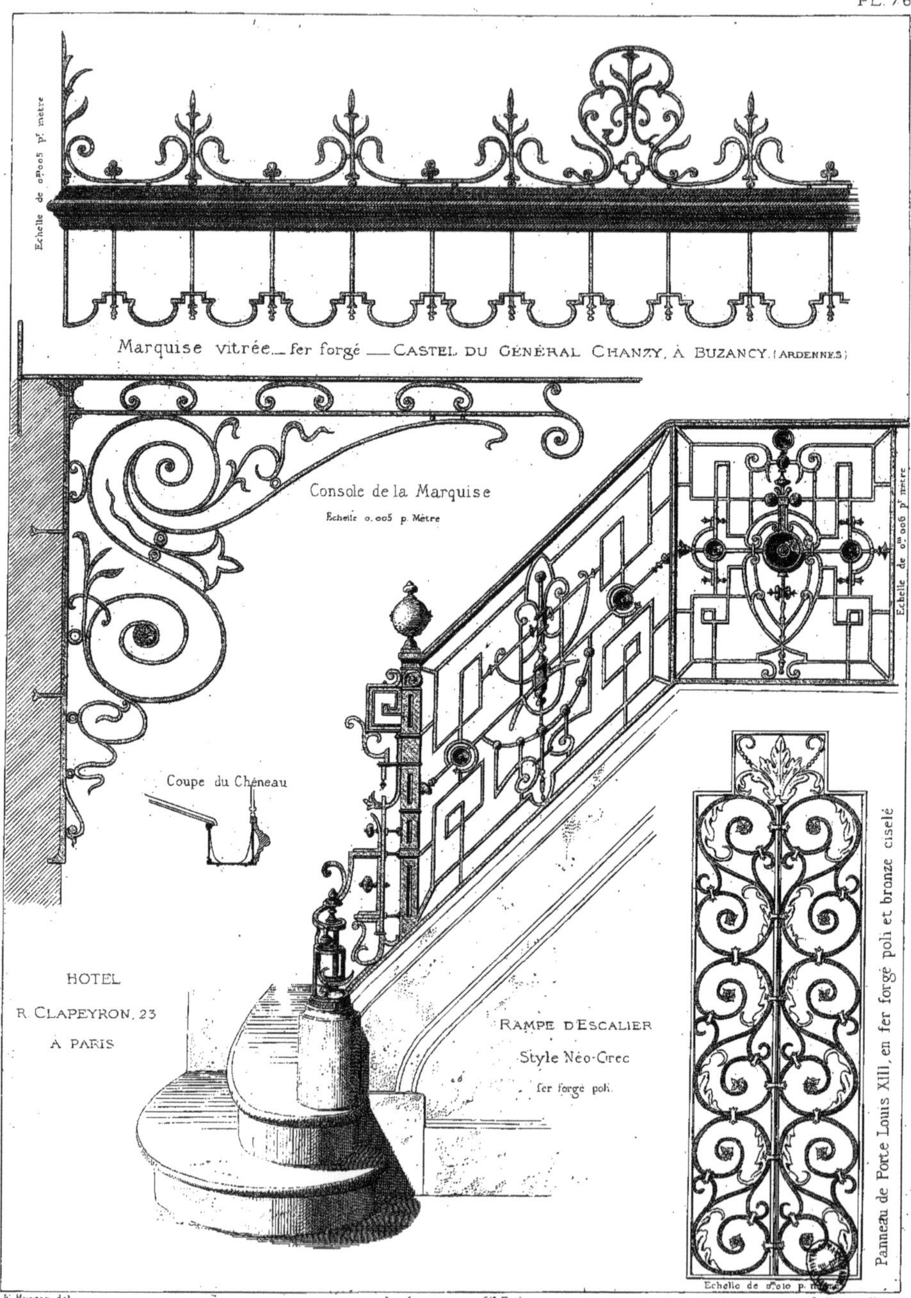

F. Husson del. Imp. Lemercier et Cie Paris Guillaumot fils sc.

SERRURERIE

PL 7r

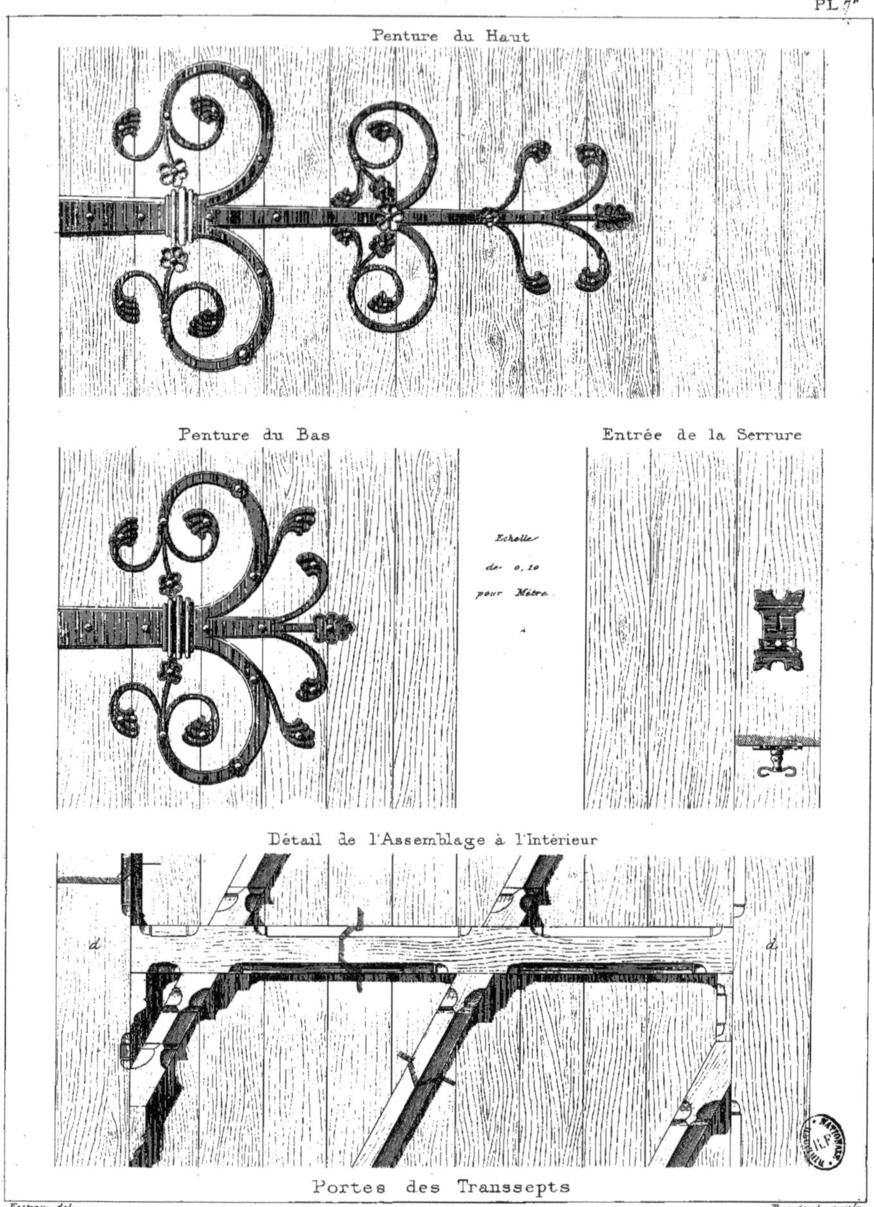

Festeau del. Boudrot sculp.

ÉGLISE DE BELLEVILLE - PARIS

M. Lassus, Architecte.

R. Pfnor del. et sculp.

au 5e d'exécution.

FERRONNERIE DE PORTES EN CHÊNE À MUNICH AU VIEUX CHÂTEAU ROYAL. (Allemagne.)

SERRURERIE

Pl. 72

ANCIENNE ÉGLISE Sᵀ ANDRÉ À CHARTRES

SERRURERIE

PL.

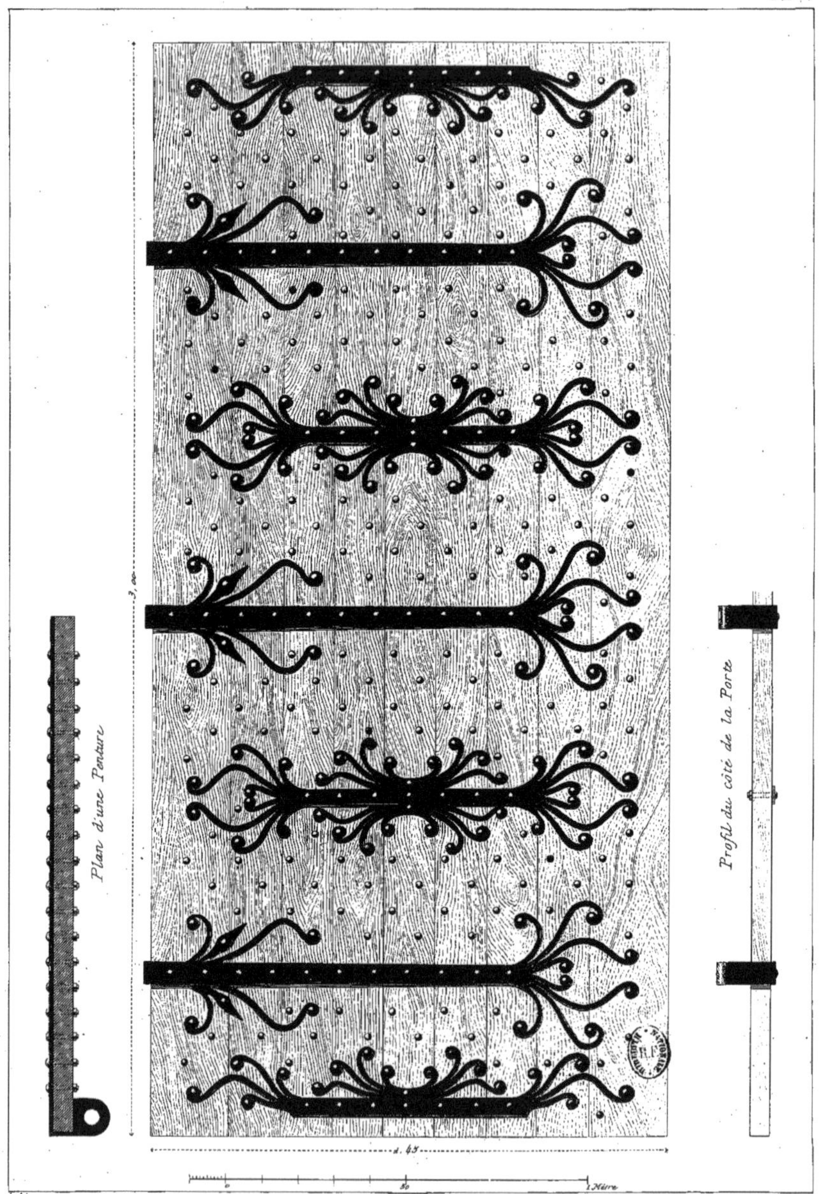

PORTE LATÉRALE DE LA CATHÉDRALE, À BAYEUX

FERRONNERIE ITALIENNE DU XIVme SIÈCLE

Marteau de Porte en Bronze

À FLORENCE.

PORTE À LA CHAPELLE DE Ste ODILE près BARR (Bas Rhin)

(Onzième Siècle)

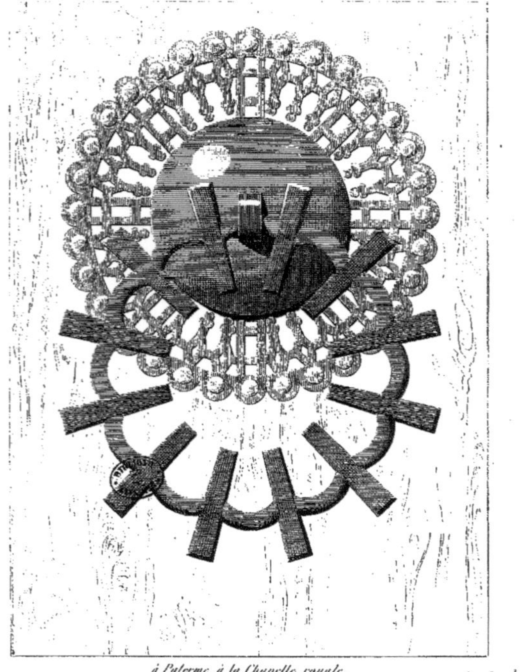

à Palerme à la Chapelle royale.

1 2 3 4 5 6 7 8 9 10 Centimètres

à Florence.

E. Pfnor del. et sculp.

FERRONNERIE ITALIENNE DU XIVe SIÈCLE.

Marteaux de Portes en bronze

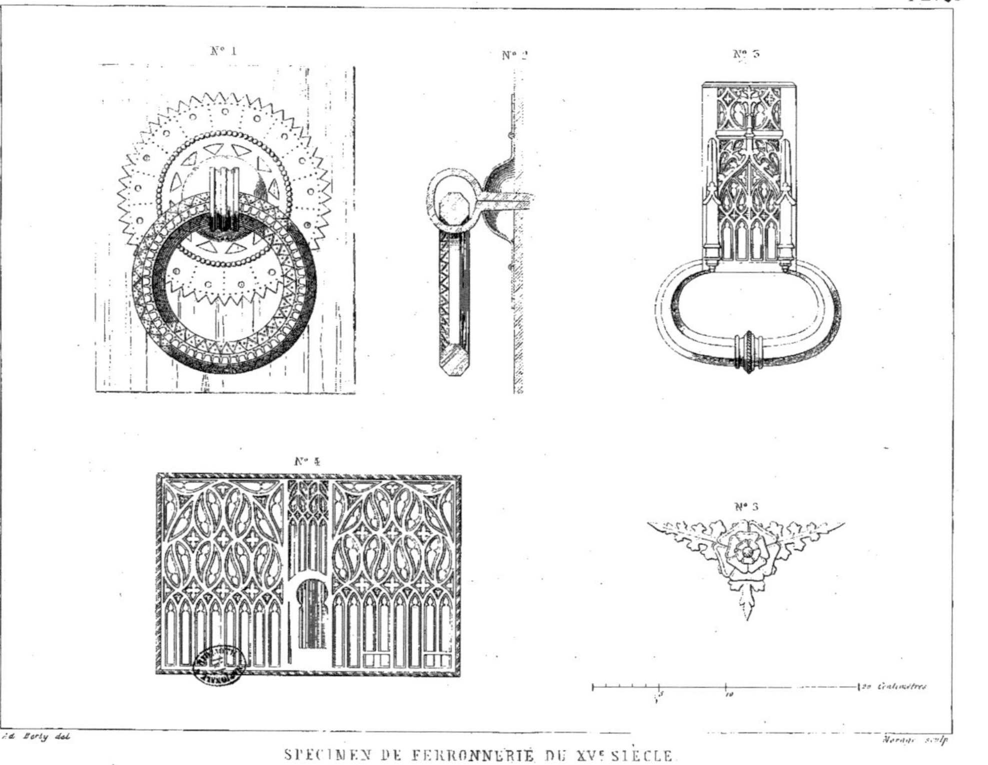

SPECIMEN DE FERRONNERIE DU XVe SIÈCLE.

N°s 1 et 2. Chateau de Langeac (H^te Loire) N°s 3, 4 et 5. Sacristie de la Cathédrale de Rouen

Imp. Lemercier & C.ie Paris. Lamy sculp.

MARTEAU DE PORTE A LYON

[illegible] del — Clergé sculp

SERRURERIE

PL. 86-87

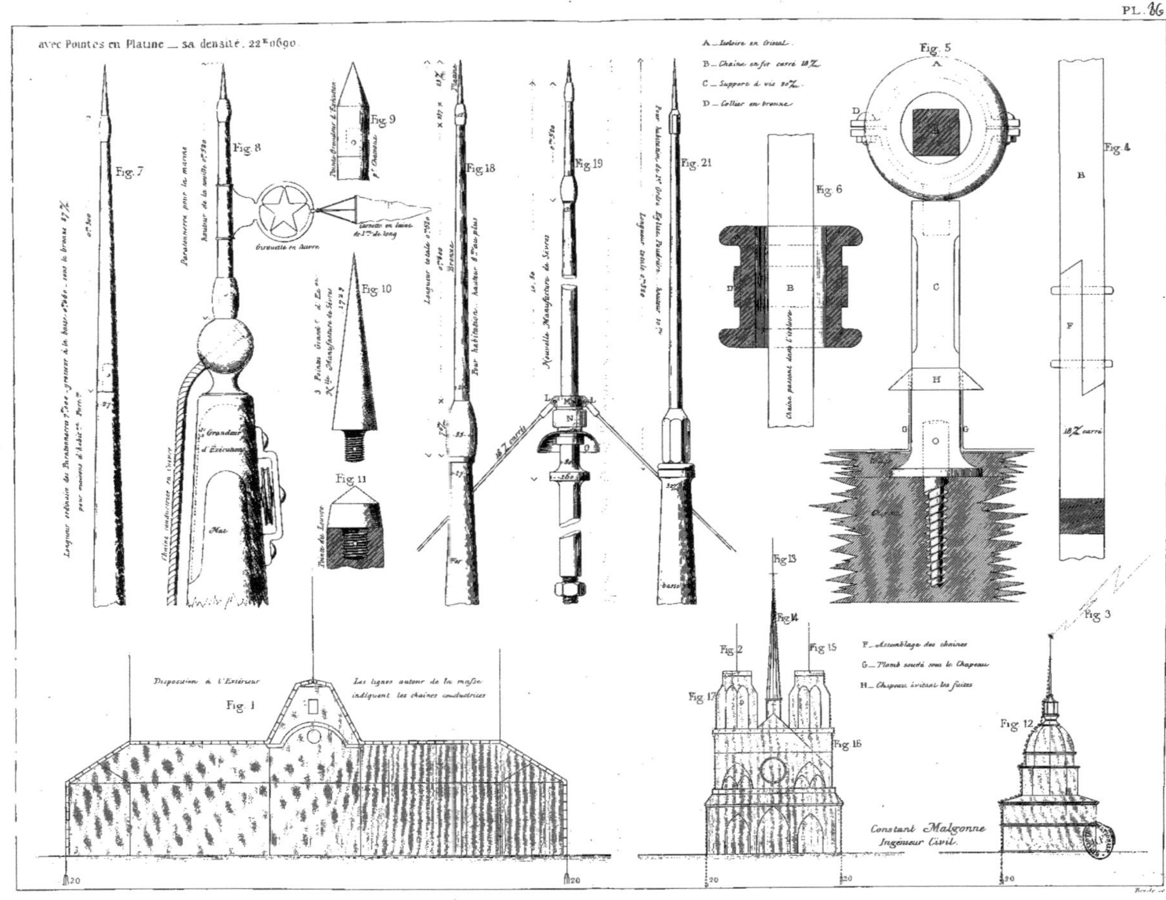

SERRURERIE

PL. 13

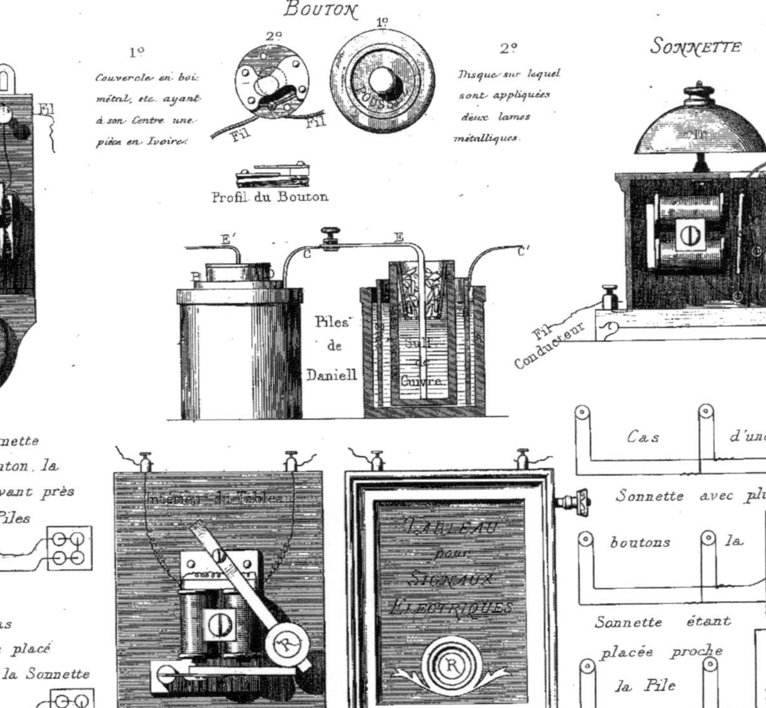

Une Sonnette électrique adaptée à ce tableau se fait entendre alors du Signal.

E. F. La Prux del. Ch. Pride sc.

www.ingramcontent.com/pod-product-compliance
Ingram Content Group UK Ltd.
Pitfield, Milton Keynes, MK11 3LW, UK
UKHW021045200726
13857UKWH00003B/824